U0449241

学校与社会
THE SCHOOL AND SOCIETY

［美］约翰·杜威 著
John Dewey

彭汉良 译

长江出版传媒　长江文艺出版社

图书在版编目（CIP）数据

学校与社会 /（美）约翰·杜威著；彭汉良译. -- 武汉：长江文艺出版社，2023.5
　（大教育书系）
　ISBN 978-7-5702-1049-7

Ⅰ.①学… Ⅱ.①约… ②彭… Ⅲ.①实用主义教育思想－美国－现代 Ⅳ.①G40-06

中国国家版本馆CIP数据核字(2023)第057244号

学校与社会
XUEXIAO YU SHEHUI

| 责任编辑：王雯雯 | 责任校对：毛季慧 |
| 装帧设计：柒拾叁号 | 责任印制：邱　莉　王光兴 |

出版：长江出版传媒　长江文艺出版社
地址：武汉市雄楚大街268号　　邮编：430070
发行：长江文艺出版社
http://www.cjlap.com
印刷：武汉市首壹印务有限公司

开本：720毫米×970毫米　1/16　　印张：7.625　　插页：1页
版次：2023年5月第1版　　　　　　2023年5月第1次印刷
字数：92千字

定价：39.80元

版权所有，盗版必究（举报电话：027—87679308　87679310）
（图书出现印装问题，本社负责调换）

译者前言

今年不胜荣幸应长江文艺出版社之邀重译美国著名哲学家、教育家约翰·杜威的两篇名著,于是赶紧借到一本杜威的译著。翻译的同时还要推陈出新,这是一种全新的体验与挑战。

吾知杜威其人始于"文革",从批判胡适中得知其和胡适乃师承关系。也是造化弄人,等到人生已过大半,可能杜老在天之灵对与我们如此缘浅似有不甘,于是要与我结一场跨越时空的"书为媒"忘年交。

端详杜威(John Dewey,1859—1952)遗照,只见他略微前倾,越过镜框,一双眼睛透出深邃的目光,注视前方,虽然隔着一个世纪的时空,但他好像依然活在这个世界上,因为他的思想与理念对世界和中国教育产生了巨大的影响,至今还像一座灯塔,引领教育的正确方向。

他在想什么呢?或许此前有很多人翻译过他的作品,他不甚满意,能否找一个人换一种风格,用走心暖心的腔调,原原本本地介绍他的思想,有板有眼地传播他的理念呢?

恰好打听到有一人喜欢舌耕三尺讲台,课堂活跃;又在译坛孜孜矻矻笔耕多年,终有小成。2019 年,东道主武汉举办第七届世界军人运动大会,应景出版《武汉简史》、赠客礼品《武汉风光》和《美丽的黄鹤楼》,译者亦躬逢其盛。又闻此人翻译"有点儿调调",译著《像比尔·盖茨一样思考》十分畅销，何不选他一用，看效果如何。以上纯属事实加冥想，以博看官一笑，其实敝人是想感谢知我爱我者一路给予的信任、提携和机会，让"天道酬勤"的古训鼓舞了我。

大学时代，曾有学长放言要做翻译家，我根本不敢做此奢望，因为老三届都受过完整的中学教育，而我则是知青岁月自学一点英语皮毛。有道是"有心栽花花不发，无意插柳柳成荫"，结果全班就我一人走上了翻译之路。二十世纪九十年代，看到好文章，一时心痒难耐，便将译稿投进邮箱，第一次看见自己的名字见报，特别振奋人心，就这么一点儿芝麻成就，可以快活好几天。起初是盼望发表，后来是报社约稿。那时《长江日报》开办的周末版《海外风》《三镇老外》等栏目极受欢迎，有时编辑主题一定就来催稿，都到了等米下锅的地步。当年还没有电脑网络，都是剪刀糨糊打补丁，骑着"洋马"去送稿。经过这样的"逼迫"与训练，我学会了如何编译、写专栏文章，一个"豆腐块"的篇幅，压着你言简意赅，必须"削足适履"，戴着脚镣跳舞。

翻译貌似无门槛，其实对译者的素质要求极高，首先要有"兵法"——理论指导。严复的"信、达、雅"是我最早听说的翻译标准，后来接触到的中外翻译理论林林总总，知道了尤金·奈达的所谓动态对等原则。但是，对我影响最深的是专栏作家老康，他说："所谓翻译，就是把外国的东西磨成粉，然后倒在中国模子里。"这就是对等，终极翻译，要使目标语的读者或受众能够产生与源语原文读者同样的感受。譬如英语有句名言：Beauty is but skin deep. 译文有"美丽只是外表罢了""漂亮只是一副皮囊""美貌不过一张皮""美丽薄如纸""不能以貌取人""美人在骨不在皮"，这就是中国模子传达出来的终极意思。我以为能够传达源语的精髓，引发阅读快感才是硬道理，各美其美，美美与共。可是当我参考现成的旧译时，时常感觉每个汉字我都认识，合起来不知什么意思。读书成为痛苦,"是可忍,孰不可忍!"

文如其人。透过译文就可以看到译家的为人、功力、学养以及治学态度。严复早年有"一名之立,旬月踟蹰"的感叹;鲁迅先生更有"字典不离手,冷汗不离身"的体验。然而,与前辈大相径庭,时下中国翻译界浮躁之气日盛,急功近利,质量堪忧,就像炎症化脓一样,迟早要溃烂。果不其然,终于有人滑天下之大稽,闭着眼睛不过脑,将众所周知的蒋介石 Chiang Kai-shek 翻译成"常凯申",一时间舆论大哗,令人对中国教育界学者研究学术的权威性和文化素养之水准产生巨大的怀疑,成为翻译界的笑料。

其实,只要稍微有点儿好奇心、责任心,查查工具书就能免错。再者说,国家规定中国人名、地名一律使用汉语拼音,特殊历史人物沿用威氏拼法,如:孙中山 Sun Yat-sen,宋庆龄 Soong Ching ling,蒋介石 Chiang Kai-shek,这是基本常识。遥想鲁迅当年曾做打油诗吐槽复旦一位教授"可怜织女星,化为马郎妇。乌鹊疑不来,迢迢牛奶路",一时传为笑谈,如今"常凯申"叫人五味杂陈。

"书到用时方恨少,事非经过不知难"。翻译是杂学,挑战性极大,你读过的书、受过的训练、走过的路、看过的风景、结交的朋友都化作你的血肉,成为你的知识储备,还时时捉襟见肘,不敷应用。做翻译必须要做跨文化研究,知道中英两种语言文字的特色、异同、优点、缺点。譬如,英文句子结构像葡萄藤,枝枝蔓蔓,从头望不到尾,通过语法关系连接起来;汉语像竹竿,一节一节,依靠词序来表达。这就是文明发展进程中形成的文化差异和文化心理,也是表达方式和阅读习惯。如果你不顾受众的感受,直接套用原文的长句,甚至把动词放在句尾,就像欧美人讨厌日文的句型一样,读者觉得莫名其妙,那翻译的意义何在?相传白居易写诗平白如话,老妪能解,就是心中永远要顾及受众的体验。

我的做法是把长句拆译成短句,把原文进行归化,加强有效传递。当然有人会美其名曰保持原汁原味,对保留一定的陌生感加以反对。所以,如何掌握归化与异化的平衡点就由译者的智慧、性格、喜好等个人因素来决定。"有点儿调调"不知是何人对我的评价,可能人家在字里行间感觉到一种不一样的翻译风格。许渊冲老先生提出"音美、形美、意美",是翻译的最高境界,我已奉为圭臬。

译文中出现信息损耗的问题,这是译文质量低劣的主因,其中包括漏译、误译、筛译、躲译,造成原文走样,语气、强弱、情感和色彩等因素惨遭剥夺,更有一种错误做法是误解原文,自圆其说,读者很难察觉。原先我以为"嚼别人嚼过的馍没有味道",实际上很有味道,说不出来的味道,经常是一个单词跳出上下文的语境,很不搭调。说到纺绩,突然冒出卡片一词,原来 card 是梳毛/棉/麻之意;讲述化学实验,"一个滚筒、石灰水和一根玻璃管"。此处 tumbler 除了转筒还有大玻璃杯的词义,就是你的直觉和逻辑都会告诉你这里文理不通。再说两例:一是原文是 geography 地理学,错译成 geometry 几何学。这是粗枝大叶的典型表现,看一眼长相差不多,立马落笔;二是"人有一种近在手边的巨大设备,可以引导儿童将这些现成的资源转译成流动的名词。"这句话关键在于在特殊语境下的 equipment 和 term 还有其他的含义,所以我改译为"人类有一项惊人的技术放在手边,可以引导儿童去将这些现成的资源转换成流动的资金。"

"以人为镜,可以明得失"。我对翻译现状总结为两个字:贫,指双语的文字修养、思维训练不足,缺乏知识储备和理论支撑。译文用字基本是字典词条,表达苍白无力。译文淡乎寡味,没有温度、没有气场。按照跨文化交际的规律，一般来讲，英译汉要增，汉译英要减。国人喜爱文采飞扬，西方人习惯平铺直叙；懒，缺乏工匠那种耐心和韧性，反复打磨的精品意识。望文生义，不求甚解，不经查验就敢下笔，利用翻译软件偷懒，没有社会责任感，缺乏敬畏心，玩世不恭，所谓"无错不成书"竟成规则，就连原书再版说明落款日期这么简单的字都要出错，July（七月）写成六月，叫人甚是无语。古人有"推敲"的故事，还有"吟安一个字，捻断数茎须"的精神，对比我们的德行，真的令人汗颜。先父晚年曾经平淡地对我说，"我当医生，手里没有死过一个人。"他在工地医院那么简陋的条件下，为了救人敢做开颅手术，现在想起来，那是何等的担当与敬业。所以我做翻译，最怕出错，始终压力大，不敢轻易落笔。文责自负，"举头三尺有神明"，这个神明就是社会大众、价值观念。

起早贪黑"推磨子"，高温酷暑榨脑汁，终于抢在开学之前完成任务，因为人生无止境，男儿要远行，滇西应用技术大学已经替我买好了机票，力邀前去支教。交稿如释重负，但又惶恐不安，不知能否获得读者的认可，杜威先生能否满意，故求教于方家，恳请不吝赐教，批评指正。同时感谢长江文艺出版社独具慧眼，大胆启动名著重译，给予我一个宝贵机会，能够发现并且订正原有译本的谬误，为推进中国的教育事业和中西文化交流略尽绵薄之力。

我希望人生在世与此书有缘，开卷有益。"儿童生活的往后岁月应该享有他们的权利，而那些肤浅的、只不过是诉诸感情的抢先学习很可能对儿童造成严重的伤害。"诸君请看，杜威先生早在一百年前就指出了幼儿园开设小学内容的弊端，什么"输在起跑线上"，都是违背教育规律的商业噱头。我也希望幼儿园、中小学同仁、各位家长、亲朋好友有幸阅读杜威的学说而受益。还有我天南地北的学生们，在什么地方遇到这本书，见字如人，会心一笑，触动一下母校情结，回味往日美好时光。我更希望这本新书能够添放在祖国边陲腾冲滇西应用技术大学图书馆的书架上，为国家的银龄支教事业献上心香一瓣，代表武汉理工大学尽一分心力。

彭汉良

2021.8.28

目 录

我的教育信条 ·· 1

 第一条 什么是教育？·································· 3
 第二条 什么是学校？·································· 6
 第三条 教育的内容 ···································· 9
 第四条 方法的性质 ··································· 12
 第五条 学校与社会进步 ······························· 15

学校与社会 ··· 17

 出版者说明 ··· 19
 作者说明 ··· 20
 第二版作者说明 ··· 22
 一、学校与社会进步 ······································· 23
 二、学校与儿童生活 ······································· 38
 三、教育中的浪费 ··· 54
 四、初等教育心理学 ······································· 71
 五、福禄培尔的教育原理 ··································· 84
 六、作业心理学 ··· 95
 七、注意力的发展 ·· 100
 八、初等教育中历史教学的目标 ···························· 107

我的教育信条

My Pedagogic Creed

John Dewey's famous declaration concerning education. First published in The School Journal, Volume LIV, Number 3 (January 16, 1), pages 77-80.

此乃杜威有关教育的著名宣言,1897年1月16日首次发表在《讲堂通报》第54卷,第三期,第77至80页。

第一条　什么是教育？

我认为所有的教育始于个体投身于一个具有社会意识的家庭的那一刻。当其呱呱坠地，在不知不觉当中，这一过程差不多就开始了，并且不断地形成个人能力、填充渗透意识、养成各种习惯、滋生出许多想法、唤起他的感情与情绪。通过这样无意识的教育，个体逐步分享到人类得以成功聚合的智力资源与道德财富，成为一名人类所积累的文明资本的继承者。世界上最正规和最特殊的教育都不敢说可以背离这一普遍过程，只能是在某一特殊方面组织教育或构成差异。

我相信，通过孩子直面社会环境的要求而发现自己，从而激发孩子的能力而获得成功，这才是真正的教育。因为这些要求会激励他要有作为群体中的一分子的担当，从最初行为与情感的狭隘范围中走出来，转到从自己团体福祉的立场来感受和设想自己。通过别人对自己一举一动做出的种种反应，他也慢慢地体会到这些行动用语言表达出来的意义，这些行动具有的价值又反映到语言中去。譬如，婴儿出于本能嘴里发出咿咿呀呀的声音，通过大人所做的反应，孩子开始意识到这些咿呀学语声是什么意思；然后把这些声音转换成为音节清晰的语言，于是孩子就这样被引进到用语言囊括一切思想和情感的丰富语库。

我相信，这一教育过程包括心理学和社会学两方面的因素；它们互不隶属，亦不可偏废，否则，会造成不良后果。纵观两者，心理学的方面是基础。儿童自己的本能与能力向教育提供素材，向所有的教育提示了一个起点。如果教育者的努力不与儿童主动而独立进行的一些活动联系起来，儿童就会摆脱教育者的控制，于是教育退化成来自外部的压力。

这样的教育固然会带来某些外部效果，但不能真正被称之为教育。因此，失于仔细观察个人的心理结构和相关活动，教育过程会变得任意和武断。如果教育过程碰巧和孩子的活动吻合，就会如鱼得水，事半功倍；如果事不合拍，就会导致摩擦、失和，甚至遏制儿童的天性。

我相信，为了完全说明儿童的能力，我们有必要了解社会的条件以及文明的现状。儿童具有自己的本能和倾向，但是在我们能够把这些潜质转化为与他们对应的社会角色之前，我们并不知道它们是什么。我们必须设法把它们带回到一个过去的社会，将其视为前世家族活动的遗传。我们也必须善于把它们投放到未来，看看他们会有什么样的出息与结局。借鉴以往的实例，要能够从婴儿咿呀学语声中窥见孩子将来社交与会话的希望和能力，使我们以恰当的方式对待这种本能。

我相信，心理学和社会学是有机联系、不可分割的两个方面，教育不可视为两者之间的妥协，或者一方凌驾于另外一方。有人对我们说，教育的心理学定义味同嚼蜡而且拘谨刻板，它只给我们全方位开发智力的空泛概念，却没有任何激发这些能力的实用妙典。在另外一方面，教育的社会学定义极力主张去适应文明世界，使教育成为一种被迫的和外在的过程，导致个体的自由屈从于先入为主的社会和政治状况。

我相信，当有人鼓励我们倚重一方而摒弃另外一方时，每一种反对的意见都言之有理。为了认识人的才能究竟为何物，我们必须知道它的目的、用途和功能是什么。这一点我们无法得知，除非我们想象出个体在社会关系中活跃积极的样子。但是，在另一方面，在现行条件下，我们唯一可能给孩子的调整提携并且能够立竿见影的就是激发他所有的潜能。由于民主社会的出现和现代工业化环境的到来，无法精确预言距今二十年后人类文明会演绎成什么样子。因此，不可能为孩子准备精确到位一成不变的环境。要使孩子对未来生活做好准备，就意味着他要能够管控自己，要能够充分运用他的全部才能。他的眼、耳和手可成为随时听命于他的工具，他的判断力精准到位，能够把握周围的情况，训练有素的执行力行动起来经济高效。除非我们不断地留意个体的自身能力、审美眼光以及兴趣爱好，也就是说，除非我们不断地把教育变换成为一个心理学词汇，否则，要想达到这种对文明的适应是不可能的。

总之，我相信，接受教育的个体是一个社会人，社会则是由个体组合而成的有机联合体。如果从儿童身上消除社会因素，我们只剩下抽象概念；如果从社会删除个体因素，我们只剩下一群充满惰性、没有生命的芸芸众生。因此，教育就必须要从心理学上深入观察儿童的能力、兴趣和习惯开始。在每一个节点上，要参考这些考虑加以控制。我们必须对这些能力、兴趣和习惯不断地加以解读——我们必须知道它们是什么意思。它们必须翻译成为它们的社会对应词——成为它们能够在社会上从事何种职业的词汇。

第二条 什么是学校？

我认为，学校基本上是一个公共社会机构。教育作为一个社会过程，学校只是社会生活的形式，校内集中所有的力量以期最有效地使学童分享人类的遗传智力资源，并且为了造福社会的终极目的诲人不倦，不遗余力。

因此，我认为，教育是一个当下生活的过程，而并非为将来的生活做准备。

我认为，学校必须呈现现实的生活，对学童而言，生活应该真实鲜活，就像他们在家里面、在邻里之间和在操场上所经历的那样。

我认为，教育没有通过生活的形式来呈现，或者不通过本身就值得生活的生活形式来实现，一直是真正现实的拙劣替代品，容易束缚自由和失去灵性。

我认为，作为一个组织机构，学校应该简化现行的社会生活，就像它本真的样子，还原成为一种混元胚胎的状态。现实的生活过于复杂，学童无法置身其中，耳濡目染而不感到迷惑与错乱；他要么被正在进行的繁杂活动搞得乱花迷眼，以至于失去有条不紊的反应的能力，或者是被多姿多彩的活动刺激诱惑，其能力过早地被发动凸显，或是过度地偏科，或是各科成绩一塌糊涂。

我认为，像这样简化的社会生活，即源于家庭生活的学校生活，应该逐渐成长；学校应该开始并且继续开展学童已经在家里熟悉的那些活动。

我认为，学校应该向学童展示这些活动，而且可以用一种方式让孩子渐渐明白活动的意义，能够在活动中尽自己的一份责任。

我认为这是一种心理上的需要，因为此乃确保儿童成长过程中连续性的唯一方法，也是给学校里面的新理念一个过去经验背景支持的唯一方法。

我认为，这也是一种社会必然，因为家庭就是社会生活的一种形式，儿童在家庭中被抚育成长，在骨肉亲情中获得道德品质的养成。学校的任务不外乎加深和扩展与学生家庭生活有关的价值观念。

我认为，现行教育很多地方不尽人意，原因在于忽视了学校的基本原则，那就是把它看成一个社会生活的形式。现代教育以为学校是传授一定知识，要学习一定程度的功课，还要培养某些习惯的场所。这些东西的价值被认为大部分存在于遥远的未来；孩子必须做这些事情，为的就是他今后术业有专攻；学校教育不过是为人生做准备。因为学校没有意识到把校园生活看成儿童人生阅历的一部分，所以不能成为真正的教育。

我认为，道德教育是作为一种社会生活模式的学校教育的核心概念。最好和最深刻的道德培养恰好是人们在工作和思想的统一中与他人缔结良好的人际关系，体验其中况味的时候。现行的教育体制，已经到了破坏或者忽视这种和睦相处的地步，使获得真正名副其实的道德培养困难重重，几近不可能。

我相信，在学校的集体生活中应该鼓励和控制儿童的行为。我以为在现行的条件下，来自教师的激励与管控何其多也，这是因为忽略了这个理念：

学校本来就是社会生活方式。

我认为，教师在学校的身份与工作也要源于同样的基础来诠释。教师在学校并不一定要把某些观点强加给儿童，或者强迫他们养成某些习惯。但是作为这个共同体的一员会选择有教育作用的感化，并且帮助儿童对这些影响做出适当的回应。

我认为，学校的管教应该从学校生活作为一个整体来着手，而不应该直接从教师开始。我相信教师的任务是依据大量经验和智慧来决定怎样对儿童进行生活的训练。我认为所有给孩子评分与升级的问题应该参考相同的标准。只有最大限度地测试到孩子对社会生活的适应性，揭示出他最拔尖擅长的领域和在何处可以获得最大的帮助，考试才是有用的。

第三条　教育的内容

我认为，儿童的社会生活是他所有训练与成长中有缘聚合、建立人脉的基础。社会生活给他提供一种无意中的集体环境，成为他全部努力与全部成就的背景。

我认为学校课程设置的教学内容应该从原始无意识的社会生活的统一体中划出逐渐分化出来。

我认为，如果我们突然之间向学童引荐大量的与社会生活脱节的特殊学科，诸如阅读、写作、地理，等等，我们就违背了儿童的天性，使得最好的学科伦理变得困难起来。

因此，我认为有关学校教学科目的相互关系的中心不是科学、不是文学、不是历史、不是地理，而是儿童自己本身的社会活动。

我认为教育在科学的研究或者是所谓的自然研究中谋求统一，因为撇开人类活动，自然本身就不是一个统一体；自然本身在空间和时间上就是由很多各式各样的物体构成，因此，若想使自然本身成为活动的中心，就要引荐发散原则而不是集中原则。

我认为，文学是社会经验的反映与诠释，因此，它必须源于经验，而不是产生在经验之前。所以，文学不能做课程统一的基础，虽然它可以做成统一的摘要。

我再次认为，就它提供的社会生活与发展的各个阶段来说，历史是具有教育价值的。它必须按照社会生活的方式加以控制。当历史被单纯地看作历史，它就被抛进遥远的过去，变成清寂冷僻、毫无生气的东西，只有将其视为人类社会生活与进步的记录，它才会耐人寻味。

然而，我认为，历史课不能这样讲授，除非让儿童也直接被引进社会生活。

我认为，教育的主要基础在于儿童的能力，他们的各项能力随着产生现代文明相同的建设性路线而发展。

我认为，唯一使儿童意识到他的社会遗产的方法是让他能够实践这些使文明成其为文明的典型活动。

因此，我认为，在所谓善于表现或富有建设性的活动中，始终围绕着产生关联这个中心。

我认为，这就为学校的烹饪、缝纫、手工劳动等课程的地位提供了一个标准。

我认为，这些科目并非旨在撇开许多科目之外引进到学校里来放松消遣，或用来增加成绩的特殊学习。

我认为，作为典型，它们更是代表社会活动的基本形式，而且，有可能并且令人满意地通过这些活动把儿童引入更正式的课程中。

我认为，只要推出能够显示社会生活真实面貌的材料和方法，科学的研究就是有教育意义的。

我认为，目前科学教学中最大的困难之一是以纯客观的形式，或者是以儿童在原有经验之上可以增加作为一种新的特殊经验的形式而呈现出来。

事实上，科学之所以有价值是因为它给你一种能力去诠释和掌控你已经获得的经验。科学引进的时候不要带有太多新的内容，但是要展示跟儿童以往经验有关的因素，而且将其作为更容易和有效地控制经验的工具。

我认为，因为我们删除了社会元素，目前我们丧失了很多文学与语言学科的价值，在教育学的著作中语言几乎总是作为思维的表达。语言是逻辑的工具，此言不假，但基本上主要是作为社交的工具。语言是交际的手段，它是个体分享他人思想与情感的工具。如果只是把它作为获取个人信息的手段，或者作为炫耀个人学问的工具，它就失去了社会动机和目的。

因此，我认为，在理想的学校课程中没有什么先后顺序的科目系列。如果教育就是生活，那么，所有的生活从一开始就具科学的一面，艺术与文化的一面以及相互交流的一面。所以，一个年级只开设阅读与写作，然后下一个年级也许会引进阅读或者文学或者科学，并且视其为合理的科目，这样的安排不可能是正确的。教育的进展不是在于各门科目的顺序，而是在于对经验新的态度和兴趣的发展。

最后，我认为，教育一定要被理解为一个长期不断的经验重建，教育的过程和目标是同一个东西。

我认为，如果在教育之外设立什么目的，诸如提供目标与标准之类，将会极大地剥夺教育过程的意义，并且引导我们在对待儿童时依赖虚假与外在的刺激。

第四条　方法的性质

我认为，方法的问题最终可以还原成为儿童能力与兴趣发展的顺序问题。呈现和处理教材的原则就是隐含在儿童自己天性中的法则。正是因为这样，我认为下面陈述在决定贯彻执行教育精神方面极为重要：

（1）我认为，在儿童天性发展方面积极方面优先于被动的方面；表达在有意识印象之前，肌肉的发育先于感官的发育，动作先于有意识的感觉；我认为意识本质上是运动和冲动的，意识的状态往往反映在行动里。

我认为，学校工作中浪费大量时间与精力的原因就是忽略这个原则。儿童被迫置身于被动的、接受的或吸收的状态中。这种状态不允许儿童听从他天生本性的倾向，其结果是徒生阻力与浪费生命。

我认为，观念（理智与理性的过程）也是由行动引发而来的，转移到更好地控制行动。我们称之为理性的概念，主要是有序的和有效的行动法则。要想发展推理能力、判断能力，又无行动方法的选择与安排，此乃我们目前处理这个问题方法的一个根本性错误。结果，我们把一些任意的符号呈现给儿童。在智力发展的过程中，符号的确是必不可少的因素，但是它们的地位充其量不过是节省精力的工具；就符号本身而言，它们不过是从外部强加而来一堆毫无意义与任意的表象而已。

（2）我认为表象是教学中非常重要的工具。儿童从呈现给他的任何事物中所得到的不过是他对这个事物所形成的表象而已。

我相信，如果我们把当前十分之九的精力对准儿童必须学习的内容，投入到确保儿童在头脑中形成特有的表象，教学工作将得到无限期的便利。

我相信，我们大量的时间和注意力都花费在备课与授课上面，何不更明智、更有利地用在训练儿童形成表象的能力上，务必使其不断地把经验中接触到的各种物体形成明确、生动、不断增强的表象。

（3）我相信，兴趣是能力日益发展的信号与征兆。我相信，兴趣代表着逐渐被感知的能力。因此，长期坚持而且细致入微地观察儿童的各种兴趣对于教育者而言至关重要。

我相信，这些有待观察的兴趣将显示儿童业已达到的发展状态。

我相信，这些兴趣预示儿童即将进入的阶段。我相信只有通过连续不断和富有怜爱心的儿童兴趣观察，成年人方能进入儿童的生活，明白他们心中向往的是什么东西，用什么材料才能够使其学习最来劲，最容易出成果。

我认为这些兴趣不应予以迁就，也不应予以压抑。压抑兴趣不啻以成年人替代儿童，这样就会减弱心智的好奇心和敏感度，压抑了创造性，压抑兴趣使之麻木。放任兴趣就等于以昙花一现代替长久之计。兴趣总是某些潜质的信号，重要的事情是发现这种能力。放任兴趣就是不能透过现象看本质，其必然结果是以不可解释的怪想与一时的兴致替代了真正的兴趣。

（4）我认为情绪是行动的反应。

我认为竭力刺激或唤起情绪而又脱离与此情绪呼应的活动，无异于导致一种不健康的和病态的心理状态。

我认为只要参照真、善、美，我们就能够确保养成行动和思想上的正确习惯、而且情绪在大多数情况下都能够约束自己。

我认为除了死气沉沉和枯燥乏味，形式主义和例行公事以外，威胁我们教育最有害的东西莫过于多愁善感。

我认为这种感情主义就是企图把感情和行动分离开来的必然结果。

第五条　学校与社会进步

我认为教育是社会进步与社会改革的基本方法。

我认为所有的改革只要是依赖法律的制定，或者是惩罚的威胁，或者是依靠改变机械式或外在的措施，都是短暂的，徒劳无益的。

我认为教育是达到分享社会意识的过程中的一种调节，而以这种社会意识为基础的个人活动的适应是社会重建唯一可靠的方法。

我认为这个概念对于个人主义和社会主义的理想都予以应有的重视。它是不折不扣的个人主义，因为它承认某种品格的形成是正确生活的唯一真正基础。它是社会主义的，因为它承认这种好的品格之形成并非由于单纯的个人箴言、榜样或勉励诸因素，而是出于某种形式组织或社会生活对个人的影响，社会以学校作为它的机关，决定道德的结果。

我认为在理想的学校里，我们获得了个人主义和集体组织的理想之间的相互包容。

因此，社会对教育的责任便是它至高无上的道德责任。通过法律和惩罚，通过社会的鼓动和讨论，社会就会以多少有些偶然性和机遇性的方式来调整和形成它自身。但是通过教育，社会能够明确地制定它的目的，能够安排它自己的方法和资源，因而明确地和有效地朝着它所希望的前进目标塑造自身。

我认为当社会一旦承认了朝着这个目标前进的可能性以及这些可能性所赋予的义务，人们便不可能设想时间、注意力和金钱等资源怎样被教育者支配使用。

我认为，为了唤醒社会认识到学校设立的宗旨所在，并且鼓励社会关注给予教育者足够的设备完美地完成教学任务的必要性，坚持学校是社会进步和改革的最基本的和最有效的势力，是每一个关心教育的人所肩负的任务。

我认为，这样设想的教育标志着人类经验中所能想象得到的科学与艺术最完美、最亲密的结合。

我认为这样形成人类的各种能力并使它们适应社会服务的艺术是最崇高的艺术；能够完成这种艺术的人，便是最好的艺术家；对于这种公益服务，任何洞察力、怜悯心、机智圆通和行政能力都不会是多余的。

我认为心理学事业的发展有助于对个人的心理结构和生长规则深入细致的观察；社会科学的发展增长了我们正确组织个人的知识。一切科学的资源均可为教育之目的所用。

我认为当科学与艺术联袂同行之后，支配人类活动的最高动机就会产生作用。人类行为的最真切的动机将被激活，人性力所能及的最辉煌的事业得到了保障。

我认为，教师所从事的工作不仅仅是教导个体，而是培养形成正确社会生活的公民素质。

我认为每一个教师都应当认识其职业之尊严；他是社会的公仆，专门从事维护正常的社会秩序，并且确保社会健全地发展。

这样，我认为师者总是真正上帝的代言人，真正天国的引路人。

学校与社会

献给

埃蒙斯·布莱恩夫人

本书的出版

由于她对教育改革的关注

出版者说明

本书前三章是1899年4月面对关心大学初等学校①的家长和人士发表的演讲。杜威先生就速记记录部分地做了修改,并且,由于出版的需要,未经他过目做了一些无关宏旨的改动和微小的调整。因此,这些演讲不仅保留了口语的力量,也保留了即席讲话的特点。由于他们多少熟悉大学初等教育的工作,因此增补了杜威先生对本书的补充叙述。

---

① "大学初等学校"(University Elementary School)是正式名称,附属于芝加哥大学,后来叫芝加哥实验学校,简称"杜威学校"。——译者

作者说明

第二版提供了一个鸣谢的机会，使人不禁回想起这本小册子是许多人同声相应、同气相求以及通力合作的标志。余虽在献词中提到埃蒙斯·布莱恩夫人的知遇之恩，然感激之情不能报之万一也。承蒙吾友乔治·赫伯特·米德夫妇热心关注，孜孜不倦地成就细节，彰显艺术品位，在我没有过目的情况下，修改我的口头讲话，以臻完美直到付梓，然后亲睹书稿送去出版，以妙笔生花的美妙结果问世——使著书立说的艰难过程成为易事。有鉴于此，余向他人极力推荐米氏夫妇，并以结交此等挚友深感荣幸。

由于所有朋友及时与长期坚持慷慨赞助，使得学校可能吸纳并且解释书中的理念，若将他们的名字单列出来将是一个很大的篇幅。我确信，大家公认最恰当的特殊提名当首推查尔斯·克兰夫人与威廉姆·林夫人。

而且，学校本身的教育工作是一项联合事业，许多人参与了发展的过程。吾妻头脑清醒以经验丰富的聪明才智在整个事业运作中处处挥洒自如。教师的智慧、干练和奉献精神使其原本不成熟的计划转变成为明确的形式、生活的实体和他们自身的活动。无论本书提到何种观念之争，这么多人在从事扩大儿童的生活,展开不同思想和行动的合作,从中获得的满足将伴随长久。

约翰·杜威

第二版作者说明

现行版包括三篇演讲，文字略有改动，构成本书的第一部分。后一部分包括首次取自作者给《初等学校纪要》的投稿材料，内容稍有修改，然该杂志早已绝版矣。

或许作者可获准说一句话表达他的满足感，那就是这本书里面提出来的教育观点已经不再像十五年前强劲新颖，他的愿望是相信这本新书是这个教育实验派生出来的副产品，在教育改革的大潮中不会没有影响力。

约翰·杜威

1915 年 7 月于纽约

一、学校与社会进步

我们习惯以个人的观点去看学校,以为它不过是师生之间或教师与家长之间的事情。因此,最令人感兴趣的当然是我们熟悉的个别儿童的进步,他体格的正常发育,读、写、算能力的提高,史地知识的增长,言谈举止以及雷厉风行、遵守秩序、吃苦耐劳习惯的养成——我们正是从这类标准来评判学校的工作。如此考量固然不错,但是,视野还需要站高看远。最贤明的父母对亲生儿女的期望必定与社会对所有儿童的期望值毫无二致。任何对我们学校的其他理想都是狭隘的、令人生厌的;如果那样做,就会破坏我们的民主。通过学校这个机构,社会把自己所成就的一切交给它未来的成员去处置。通过这种新的可能途径,社会希望实现它所有的有关自身的美好理念,这样开启自己的未来。在这一点上,个人主义与社会主义同心同德。社会只有致力于充分培育能够和谐相处的所有成员,才能够尽自身的责任。有鉴于此,在社会的自我指导之中,没有任何东西比学校更为重要,因为,正如贺拉斯·曼①所言,"凡是万物生长之地,一个塑造者胜过一千个改良者。"

---

① 贺拉斯·曼(Horace Mann,1796—1895):美国教育家。——译者

任何时候我们想要讨论教育当中的新潮流，就特别有必要采取比较开阔和面向社会的视野，否则，我们会把学校制度和传统的变革看作是某些教师的任意发明，最坏不过是心血来潮的奇葩幻想，最好也只是某些细节的改善，这就是我们非常习惯性地考虑学校变革的水准。这就像把火车头与电报机看成是个人的发明物一样合乎逻辑。教育方法和课程正在进行的修改恰似社会状况改变的产物，不啻一种努力，旨在满足这个日益形成的新社会的需要，与工商业经营模式之变革如出一辙。

那么，对于这个问题，我要特别提醒你们注意，根据社会上的重大变革，我们努力设想一下大体上可以称之为"新教育"的内涵是什么。我们能否把这种"新教育"与社会事变的进程联系起来呢？如有可能，"新教育"脱离社会的特点就会销声匿迹弭于无形，它将不再是唯一由那些聪明过人的教书匠继续应对特殊学生的事务了。它将显示出作为整个社会进化的重要部分，至少就它的大体来讲必然如此。让我们先探讨一下社会变迁的一些主要方面，然后转到学校方面来，找出学校必须沿着这个方向做出努力的依据。因为绝对不可能涉及整个的范围，我将大体上把自己限制在近代学校变化中一件典型的事情上——推行冠以手艺教育的课程，我希望，如果能够把手工训练跟业已改变的社会状况的关系显现出来，我们将愿意承认这一点以及其他的教育创新。

对于正在讨论中的社会变革未做详细的论述，敝人不打算做任何辩解。我将提到的那些东西写得硕大无比，但凡你跑步经过都可一目了然。首先引发人们注意的变化是工业方面的变化，这场变革使人相形见绌、甚至操控所有其他人——科学的应用导致了许多重大的发明，已经以庞大的规模且廉价的模式利用自然力；培育世界范围的市场作为生产之目的，发展大量的制造中心来供应这个市场,在世界所有地区之间增加价格低廉与快捷便利的交通和物流方式。即使从工业化萌芽时期算起,这场变化历时尚不足百年,许多最重要方面的变化就发生在我们的有生之年。人们难以置信,在整个历史当中会有如此快速、如此广泛、如此彻底的革命。通过这场革命,地球正在旧貌换新颜,甚至它的自然现状都在改观。政治疆域被抹掉或四处移动,仿佛它们真是绘制在纸质地图上一样。人口从世界的各个角落争先恐后地聚集在大都市里;各种生活习惯面临惊人的出其不意的彻底改变;对自然真相的探索得到无限的激励和推动,它们在生活上的应用不仅切实可行,而且成为商业必需。甚至我们的道德与宗教观念以及兴趣爱好,还有那些因为内心根深蒂固的虔诚最保守的东西,无不受到深刻影响。因此,认为这场革命对于教育无伤大雅,只是形式上和表面上的影响,这是不可思议的。

在工厂制度之前,还存在着家庭和邻里制度。今天生活在这里的我们这一代人,只需上溯一代、两代、至多三代以前,就会发现有一段时间,家庭实际上就是一个中心,人在其中或围绕着家庭,展开或群集着所有典型形态的工业职业。身上穿的衣服绝大部分都是家庭生产的;家庭成员通常都熟谙剪羊毛、梳理羊毛与纺羊毛以及操作纺织机器。如今摁一下电灯开关,屋子里刹那间灯火通明,获得光源不过是举手之劳,然而早年间整个室内照明过程却是一系列辛苦费时的工作,先要宰杀牲畜,提炼油脂,制作烛芯,然后浸烛芯于熔蜡中制成蜡烛。面粉、木料、食物、建材、家具,甚至小五金制品,诸如钉子、铰链、铁锤等物资供应都是由附近的街坊生产的,这些作坊长期开放供人参观,经常是街坊邻里聚集的中心。因此,从农场原材料的生产到实际应用的成品,整个工业化过程在此一览无遗。不仅如此,实际上每一个家庭成员都要分担一份工作。当孩子们年龄渐长,有几分力气和能力的时候，就开始接触好几种生产过程中的诀窍。这是一个直接和个人关切的问题，甚至到了实际参与的程度。

我们不可以忽视这类生活中所涉及的纪律与品格形成的因素，要养成遵守秩序和勤劳的习惯，心存责任感，常思天生我材必有用，力争做出贡献，创造财富，尽到自己的义务。总是有些事情真的需要每个家庭来完成，每个家人应该恪守本分并且与亲人通力合作，此事极有必要。在行动中崭露头角的个性品格被培养出来并且在行动中得到检验。再者，用真实的物件和材料、借助他们实际的操作过程，我们直接地贴近和亲密接触自然，以及认识到他们的社会需要和用途，对于教育的目的极为重要，我们万万不可等闲视之。在这所有活动中，有培育长久不断的观察力、独创性、建设性的想象力、逻辑思维，以及直接接触实际而获得的现实感。家庭纺织、锯木厂、磨坊、制桶作坊、铁匠铺的教育力量，都在不断地发挥作用。

为提供信息而组织的实物教学，不管有多少，绝不能代替对农场和花园的动植物的了解，这种认知是通过真正朝夕相伴的生活和照料动植物而获得的。学校中为了训练感官而引进的感官训练学科，终究无法与每天在熟悉的职业中获得的亲切有味的那种生动丰富的感官生活去抗衡取胜。文字记忆力在提交任务中得到训练，一定推理能力的训练也可以通过科学与数学课程而获得。但是，与在现实生活中必须真做事情，身后有一个真正的动机，前面有一个真正的结果，从而获得的注意力与判断力的训练相比较，这些训练毕竟多少有些遥远与空洞。当前，工业的集中和劳动的分工已经消灭了家庭和周边的各种职业——至少对教育的目的来说是这样。但是，哀叹美好往日里孩子们的朴实、谦恭和绝对服从的消失，而一味希望仅仅靠哀叹与劝诱予以挽回，则无济于事。根本的状况已经改变，只有对教育进行相应的根本改变方可补救。我们必须认识到由此带来的补偿——宽容精神的增长，在社会判断的广度上，对人性更深入的认识，解读个人性格的表象和判断社会状况的敏锐性，适应各种不同性格的准确度提高，接触更多的商业活动。这些受益之处对于今日在城市中生长的孩子尤为重要。然而，也有一个实际问题：我们如何保持这些优势，同时又把代表生活中另一面的东西——强制要求个人负责的工作和培养孩子与面对生活的物质现实的各种作业——引进到学校里来呢？

当我们回到学校，就会发现当下最引人注目的倾向之一，是引进所谓的手工训练，作坊作业以及家政技艺——缝纫和烹饪。

由于充分意识到学校必须提供从前由家庭负责训练因素，仅仅是出于本能、经过试验发现这类功课能生动地吸引住学生并且给予他们在任何其他方式中得不到的东西，这项工作还没有"有目的地"去执行。由于对该项工作重要性的意识依然相当薄弱，所以经常是以一种三心二意、糊里糊涂和互不搭界的方式来敷衍了事。指定用来辩解之理由难以自圆其说，有时甚至是绝对错误的。

如果我们仔细询问那些最赞成把这种功课引进到我们学校系统来的人们，我想，我们就会发现之所以这样做的主要理由是，这种功课能够抓住儿童完全自发的兴趣和注意力。让他们保持机敏和主动的状态，而不是被动与一味接受；这使得他们更有用、更能干，因此，更可能对家庭有帮助；在某种程度上，它为他们未来生活的实际责任做好准备——女孩如果将来不会实际上去做厨娘与女裁缝，但也会成为家政管理的高手；男孩（如果我们的教育制度只不过成为职业学校）可以为将来的职业做准备。我不想低估这些理由的价值。在下一讲里面，当我谈到学校与儿童的关系时，有关这些表明孩子们的态度发生变化的问题，我真的有话要说。但是，总的来说，这种观点没有必要囿于成见。我们必须把木工、金工、纺织、缝纫、烹饪视为生活与学习的方法，而不是各种特色学科。

我们必须要以它们的社会意义来看待这些功课，将其视为社会自身赖以不断前进的各种过程的样式，作为让儿童深刻认识到社会生活的一些基本需要的媒介，作为满足人类不断增长的洞察力与独创性需要的多种方式；一言以蔽之，作为可资利用的手段，学校把自己打造成为鲜活的社会生活的真正形式，而不是一个与世隔绝的读书净地。

一个社会是由很多人聚集而成，他们的工作参照共同的路线，彼此弘扬共同的精神，众志成城奔向共同目标。这种共同的需求与目标要求一种蓬勃开展的思想交流和日益增长的统一同理心。当前学校不能把自己组织成为一个自然的社会单位的根本原因，正是因为这些共同元素和生产性活动的缺失。在运动场上、在比赛和运动中，社会组织就这样自发和不可避免地产生了。学校工作层出不穷，有活动要进行，规定自然的劳动分工，遴选领袖与从者，互相合作与竞赛。在课堂上，社会组织的动机和团结也同样缺乏。在伦理方面，目前学校悲剧的弱点在于，它是在非常缺乏社会精神条件的窘境当中苦心培育社会秩序的未来成员。

当各项工作成为学校生活的连接中心时，由此出现的差异用语言实在难以描述，这是表现在动机、精神和氛围方面的差异。当一个人步入一间忙碌的厨房，见到一样孩子正在积极准备食物，面对心理上的差异，从那种或多或少的被动与木讷地接受和拘束到一种活跃外向的精神状态，这一变化太明显了，让人震撼，难掩惊喜。诚然，对于那些学校形象十分僵化的人来说，如此变化着实让人惊诧万分。然而，社会态度的改变也同样显著。单纯地吸纳事实和真理的学习过程，是一件过于排他的个人事务，会自然形成自私的心态。只求功名学问，毫无明确的社会动机，不言而喻的是即便日后学业成功，在社会上也一无所获。当然，差不多成功唯一的衡量标准就是竞争，就这个字眼的贬义而言，说白了就是比较背诵和考试的结果，看看哪个孩子在信息储备、积累和最大化方面成为名列前茅的赢家。盖此风极度盛行，学生都笼罩在奋力竞争的氛围中，如果一个孩子帮助别人做功课，其行为便沦为校园犯罪。凡是学校的工作以听课授业为主，而不提倡最自然的合作与联盟的形式，那么互相帮助就成为解除同桌"正规职业"的秘密行动。凡是积极开展工作的地方，所有这一切都会完全改变。帮助他人，不是使领受者受穷的慈善救助形式，只不过是一种援助，旨在释放受助者的能力和激发他的内驱力。无拘无束的自由交往，相互交流观点、建议、成绩、过往中成功与失败的经验蔚然成风，成为老师上课前温读功课的主旋律。即使有竞赛，也只是个人之间的比较，不再针对个人吸收知识的多寡，而是按照作业完成的质量评判，融入真正社会标准的价值体系。学校生活以非正式的、更加普遍的一种方式，在社会的基础上进行组织管理。

在这个组织内，可以发现学校纪律与秩序的原则。当然，秩序只不过是与目的有关的事情。如果你的目的是要四五十个学童学会某些指定的课文，并且在老师面前背诵，那么你必定致力于训练确保达到此目的。如果你考虑的目的是培养一种社会合作和社会生活的精神，训练方法必须要从该目的出发并与此相关。事情在建设过程中难免会有一点失序，在任何一间繁忙的作坊都会存在一定的混乱，没有静默无声，人们不会保持固定的姿势，他们不是交臂抱胸，他们不是手捧书本，或是这样那样。他们正在做各式各样的事情，有些混乱和熙攘，这是活动造成的结果。但是，因为这些工作，因为做这些将要产生结果的事情，因为用一种社会和合作的方式做这些工作，就诞生了一种它自己类别与风格的训练方法。当持有这样的观点时，我们对学校训练的全部概念就改变了。在关键的时刻，我们都意识到支持我们的唯一训练，或为直觉的唯一培养，是从生活本身得来的。向经验学习，向书本或者别人的经验之谈学习，并非一句空话。但是学校一直与常态的状况和社会的动机严重割裂，如此孤立，以至于孩子送去受训的地方是一个世界上最难获得经验的地方，而经验则是名副其实的训练之母。只有当传统学校训练的狭隘和死板的形象主宰一切时，人们就可能陷于险境之中，即忽略更为深刻而无限广泛的训练，而这个训练又是人们参与其中的建设活动，对结果做出贡献，从精神上说是社会性的，尽管如此，从形式来看这一切还是非常明显和可以感知的。因此，关于这一形式，责任心的要求不可或缺，准确无误的判断力必须合格。

因此，我们要记住这一壮举，把各种不同形式的活泼有效的功课引进到学校中来，通过这一举措整个学校的精神面貌焕然一新。如此一来，学校有可能与生活紧密联系，成为儿童快乐成长的栖息地；在那里，儿童通过直接的生活进行学习，不再是仅仅学习课文的地方，这些课文对于某些将来可能采取的谋生手段而言，仅有抽象与远程参考的作用。学校有可能成为一个微缩社会，一个雏形社会。这是一个根本的事实，由此开启一扇闸门，不断涌现有条不紊的各种教学活动。在描绘中的工业体制下，儿童毕竟要分担工作，但不是为了分担而分担，而是为了生产制造。虽然获得这样的教育成果是真真切切的，但它是附带性和从属性的。但是学校里模拟的各种典型的职业功课是没有经济压力的，其目的不在于产品的经济价值，而是要发展儿童的社会能力与洞察力。这一举措摆脱了狭隘的功利思想，开辟了人文精神的多种可能性，使学校的这些实践活动与艺术结盟，成为科学与历史的中心。

审视地理可以发现所有科学的统一性。地理的重要性在于它显示出地球是人类所有职业的永久家园。世界若是与人类活动毫无干系，就不成其为世界。脱离在地球上的根基，人类的工业和成就连纸上谈兵都不是，师出无名，简直就是名不正，言不顺。地球是人类所有一切食物的最后来源。它是人类持久的庇护所和保护人，人类所有活动原材料的供应商，是将其所有成就人文化和理想化的发祥地。它是广袤的田野、丰富的矿藏，它是光能、热能和电能的巨大资源；它是海洋、河流、山岳与平原无比壮丽的景象，我们在地球上所有的农业、采矿业、伐木业，我们所有的制造业以及物流配送机构，不过是举一漏万，是它局部的成分与因素。通过由这个环境决定的各行各业，人类取得了自己历史和政治的进步。通过这些职业，有关大自然理性与感情的诠释也得到发展。正是通过我们在天地之间的所作所为与亲密接触，我们才能够读懂世界的意义和判断它的价值。

用教育的术语来说，这就意味着学校里的这些职业课程不仅仅是实际的手段或日常工作的模式，要使学生获得娴熟的专门手艺，像厨师、裁缝或木匠那样，而是对自然材料和过程进行深入科学观察的活动中心，作为引导儿童去认识人类历史发展的起点。学校改革的实际意义最好是通过学校工作中的实例加以说明，效果胜过公共话语。

对于一个平均智商的参观者而言，没有别的什么东西更让他感到惊讶和奇怪的了，除了当他看见年纪在十岁、十二岁和十三岁的男孩子和女孩子忙于缝纫和织布的场景。如果我们以男童准备钉钉纽扣、打打补丁的立场来看待这一切，我们得到的是一个狭隘和实用主义的概念——在此基础上很难给这一类在校职业功课给予重点考虑提供依据。但是如果我们从另一方面来看，我们发现这种功课提供了一个起点，由此出发，儿童可以追溯和跟随历史上人类走过的发展过程，看透读懂所使用的材料和其中包含的原理。把这些职业功课串联起来，就无异于把人类历史的发展进程重新演绎一番。譬如，先给孩子们一些原材料——亚麻、棉花和从羊背上剪下来的羊毛（如果你能够带孩子去剪羊毛的地方，那就妙不可言了），然后从这个观点出发，诸如原材料适合哪些用途、它们可能会有何种利用，再来研究讨论原材料。举个例子，做一个棉花纤维与羊毛纤维的比较。直到孩子们告诉我，我才知道，棉纺业比毛纺业发展迟滞的原因是，用手去掉棉花纤维中的棉籽比较困难。有一组儿童工作了三十分钟，从棉桃和棉籽中剥离棉花纤维，所得皮棉不到一盎司。他们很容易就相信了，一个人一天用手工只能得到一磅皮棉，他们能够理解为何他们的祖先要穿羊毛衣服而不愿穿棉布衣服。在儿童其他的发现中，影响它们相关实用性的问题是，棉花纤维要短于羊毛纤维，说起来，棉花的平均长度为三分之一英寸，但是羊毛可以长达三英寸；同时棉花纤维比较光滑，不容易粘连；羊毛纤维有些粗糙，容易粘连，因此，便于纺织。在老师提问和暗示的帮助下，孩子们自己用实际的材料把这些道理弄明白了。

然后，孩子们又接着研习把纤维制成衣料的必经过程。为梳毛他们改造了原始的框架——两三块木板上面插入尖针，以便爬梳。他们重新设计了最简单的纺毛程序——利用一块穿孔石头或其他重物，羊毛穿过孔洞，石头快速旋转抽出纤维；接着用一个陀螺，陀螺在地板上旋转，孩子们让毛线经过他们的手，逐渐拉成毛线，卷绕在陀螺上。然后，有人按照历史顺序向孩子们介绍了之后的发明，通过实验解决问题，以这种方式，看到它的必要性，探索其效果，不仅研究了发明对这一特殊工业的影响，还研究它对社会生活方式的影响。以这种方式，孩子们重新演绎了从原始阶段到现代纺织机全部的发展过程，所有这一切伴随着在我们有效功率运用中的科学应用。我不需要论述其中涉及的科学问题——关于纤维、地貌、原材料生长的条件、庞大的制造和配送中心以及涉及机械生产的物理学；不，不会涉及历史方面的问题——这些发明对人类社会已经产生的影响。你可以将所有人类的历史集中聚焦在亚麻、棉花和羊毛如何制成服饰的进化史上加以阐述。我并没有说，这是唯一的，或最完善的中心。但是这样做确实开辟了人类史研究中某些很实际和重要的手段——把人们的思考引入更基本和有支配作用的影响，而不是那些人们往往用眼扫过历史的政治和编年记录。

好了，这个拿纤维适宜做织物举例的情况（当然，我只讲了它的一两个基本方面）也同样适应于每一项作业中使用材料的方法，以及应用的过程。这项作业给孩子提供了真正的动机；给予他直接经验，并且使他接触真实世界。作业完成的这一切，另外通过历史和社会的价值以及科学的对等物加以解释，它的作用范围就扩大了。随着儿童的心智在能力和知识上的成长，这种作业不再仅仅是一种令人愉悦的体验，并且越来越成为理解事物的媒介、手段和工具，因此相应改变了它的作用。

反过来，这种作业对自然科学的教学也有影响。在目前的情况下，一切活动要想取得成功，在某些地方和某些做法上必须接受科学专家的指导——这是关于应用科学的实例。这种联系应该决定它在教育中的地位。学校中的作业，所谓的手工或工艺劳作，不仅仅提供了启迪他们心智的科学导入课程的机会，使课程实体有形，意味深远，不单纯是手与眼的把戏；但是由此获得的科学洞察力成为自由和积极参与现代社会生活不可或缺的工具。柏拉图曾经在哪里说过，奴隶之所以为奴隶，乃是他的行为并不是表达他自己的思想，而是表达别人的思想。我们今天的社会问题要比柏拉图时代更为急迫，原因在于方法、目的和悟性必须存在于做事人的意识当中，因此他的所作所为应当对他有意义。

当我们以这种视野广阔又丰富多彩的方式设想学校里的职业功课的时候，我对经常听到的各种反对意见感到惶惑不解，什么这样的课程在学校里不合适啦，因为它们是唯物主义的、功利主义的，它们的倾向是卑贱的。有时候在我看来这些唱反腔的人简直生活在另外一个世界。我们大多数人生活在其中的这个世界是一个人人都会有一个心仪的职业和谋生的职业，或做事吃饭的世界。有些人当经理，其他的人做下属。但是无论是谁，最大的事情就是务必使每一个人接受教育，上学能够使他在所有的日常生活中看到其中有重大的人生意义。今天有多少雇员只不过都是他们操控机器的附加物！其中部分原因可能是机器本身，或者是过度强调机器产品的管理方式；但是大部分原因肯定要归咎于一个事实：工人没有机会去发展他的想象力和在工作中发现社会和科学价值的同情的眼光。目前，存在于工业制度基础上的各种冲动，在他的求学阶段，不是遭到实际上的忽视，就是肯定被扭曲了。除非在童年和青年时期有系统抓住了他们的建设与生产本能，除非对他们按照社会的方向加以训练，用历史的解释去丰富他们的思想，通过科学的方法进行控制与启蒙，不然的话，我们必定一筹莫展，甚至不能够找出经济弊病的根源，更不要说去有效地处理。

如果上溯到几个世纪之前，我们就会发现实际上学问会受到垄断。"有学问"真的是一个令人艳羡的词汇。学问曾经是一个社会阶层的事情。这是当时社会条件的一个必然结果。那时候大多数人读书无门，根本就不可能存在接近知识源泉的路径。这些知识都存储和藏匿在手抄本中。这些书籍充其量只有一小部分有价值，并且需要经年累月和孜孜矻矻的准备才能够抄写成书。有学问的高级僧侣守卫着真理的宝库，在严格的限制下对民众进行施舍，囿于当时窘迫的条件，实为一种不可避免的情况。然而，我们一直在说，作为工业革命的直接结果，这种局面由此改变。印刷术发明问世，大量生产势不可当。书籍、杂志和报纸海量出版发行，价格低廉亲民。由于火车和电报的发明应用，借助邮政和电力，频繁、快捷与便宜的书信往来也应运而生。旅行变得容易，迁徙自由，随之而来的是无限促进的思想交流。其结果已经形成知识革命。专门的知识被推入流通状态。虽然，现在依然有，将来可能始终会有，一个以正在进行探究学问为特殊职业的阶级存在，但是，一个独特的学者阶级从今以后气数已尽，难以为继。它是一个时代的错误。知识不再是静止的固体，它已经液化。知识在社会自身的时代潮流中活力十足地流动。

显而易见，有关知识人才这场革命，进行当中使个人的态度发生了显著的变化。知识方面的刺激，以各种方式如同瓢泼大雨似的向我们倾泻而来。因此，那种纯粹的知识分子生活，埋头学问搞学术研究的，得到完全不同的评价。学术的、学者的，曾经风光无限的荣耀头衔随风而去，正在成为被人嘲笑的字眼。所有这一切意味着学校态度必须改变，而其中一个方面，我们还远没有认识它的全部意义。我们学校的各种教学方法，以及绝大部分的课程设置，跟旧时代一脉相承，那时候学习与掌握一定的符号至关重要，因为它们的作用在于提供了通往知识殿堂的唯一路径。虽然教学方法和科目取舍表面上已发生改变，但是旧时代各种观念左右人们头脑的力度依然不减。我们有时候听到，小学甚至中学引进的手工训练、艺术和科学课程遭到反对，其理由是这些课程倾向于培养专家，损害了我们当前广博自由的文化方略。

这种反对的观点即使不会甚嚣尘上造成悲剧的结果，也是荒唐可笑的。我们今天的教育才真的是高度专业化、片面和狭隘。这几乎完全是一种由中世纪学习观念支配的教育。这种教育大部分的要求不过是我们天地万物的知识方面，我们的求知欲望，知识的积累，学习运用知识的符号；对于制造、做事、创新、生产的冲动和旨趣毫无兴趣，无论是功利或艺术的形式概莫能外。把手工训练、艺术与科学课程作为技术和倾向专门化加以反对的这个事实，本身就是为当今控制教育的专业化目标提供了绝佳证据。除非教育事实上被定义为排他性的知识研究，像这样的学习方式，所有的材料和方法理应受到欢迎，享受最高礼遇。

当职业知识训练被视为文化类型或自由教育，像机械师、音乐家、律师、医生、农夫、商人或铁路经理的培养被视为纯粹技术和职业教育的类型。其结果便是我们到处司空见惯的"文化人"与"劳动者"的划分，理论与实践的脱离。整个在读学生当中不足百分之一的人能够接受高等教育；只有百分之五的人能够进入中学年级；与此同时，有超过半数的人在读完小学五年级或在这之前就辍学。这一真相的简单事实是，在绝大部分的人群当中，与众不同显示出对知识文化感兴趣的人实属凤毛麟角。他们有所谓实际的冲动与意向。其中不少人天生对读书求学欲望强烈，可惜社会环境不遂人愿。其结果非常明显，大量的小学生一旦学会了初级的知识，一旦学到对他们足够实用，可以谋生的阅读、书写和计算的知识符号，就离开学校踏入社会。尽管我们的教育界领袖高谈阔论把文化熏陶、人格的发展等作为教育的终极目标，但是大部分学校的受业者却把它当作获得足够的面包和牛油，以勉强维持基本生活的狭义的实用的工具。如果我们以一种非排他性的方式来设想我们的教育目的，如果我们引进教育过程中的活动能够吸引那些主要兴趣是动手和制造的人，我们就会发现学校对学生的支配力会更有活力、更为持久，包含更多的文化意义。

　　然而，为何我要不厌其烦地做这个说明呢？事实明摆着，我们的社会生活已经历一场彻底的和根本的变化。如果我们的教育对生活要有任何意义，就必须通过一场完全相应的变革。这场变革并不是突然之间发生的，预设的目的也不可能在朝夕之间就实施执行。变革已经在进行之中。我们学校制度的变革通常呈现为细节的改动，学校内部机构的改善（即使那些最积极关心的人也这么看，更不要说旁观者了），实际上这就是发展的标志和证明。引进活泼的职业课程、自然研究、科学常识、艺术与历史；把单纯符号和形式的课程移除降至次要地位；改变学校的道德风尚、师生关系和纪律；引进更生动、富有表情、自我指导的各种因素——所有这些都不是一种偶然，而是出于更大的社会发展的需要。要保持改革的态势，但是要把所有的因素组织起来，理解它们的全部含义，把其中的观念与理想彻底不妥协地在我们学校制度中体现出来。这样做意味着使每个学校都成为一种雏形社会，活跃着各类职业课程，折射出广大的社会生活，到处渗透着艺术、历史和科学精神。当学校把每一个社会儿童引导、培养成为这样一个小社会的公民，浸润以服务精神，并授予自我指导的有效手段，对于一个高尚的、可爱的与和谐的大社会，我们将有最可信和最好的保障。

二、学校与儿童生活

上周我试图向你们阐明学校与更广大的社会生活之间的关系以及对教材和教学方法进行一些改革,以便更好地适应当前社会的需求。

今天我希望从另外一个方面来考察这个问题,考虑一下学校与在校儿童的生活和发展之间的关系。由于难以将一般原理与读书幼童这样十分具体的事情联系起来,我不揣冒昧,从"大学初等学校"工作中介绍大量可以说明问题的材料,在一定程度上你们也许赞赏这个方法,其中呈现的观点无一不是通过具体实践而产生。

几年前,我曾经在本市四处物色学校用品供应商店,从艺术、卫生和教育的观点出发,打算找到完全符合学童需要的课桌椅。对于所求之物我们真的是踏破铁鞋无觅处。最后,一位心智悟性在他人之上的销售商说道:"恐怕我们没有你们想要的东西。你们要的物件是孩子们可以对它动手,腾挪拆卸的;我们卖的课桌椅全是坐着听讲的。"他的话是对传统教育的真实描述。正如一位生物学家能够用一两块骨头重新构建整个动物一样,所以,如果我们想象一下普通的教室,一排排丑陋的桌子按照几何秩序排放挤在一起,尽可能不留活动空间,课桌几乎是一样大小,桌面仅仅能够摆放书本、铅笔和白纸，外加一张讲台，一些座椅，墙上空无一物，或许有几张图画，我们能够构想在如此不尽人意的环境下可能进行的最好的教育活动。所有的准备都是为"洗耳恭听"而设——因为完全的照本宣科只不过就是另外一种聆听；它标志着一个依附于他人的心理状态。比较起来说，"耳读"的态度就是被动、吸收；课堂里还有一些无创意的现成材料，都是由学校的负责人、董事会、教师准备完成，儿童要在尽可能短的时间内，吸收得越多越好。

在传统的教室里，让儿童动手的地方少得可怜。供儿童制作、创造和积极探索的小工厂、实验室、材料、工具，甚至必要的空间，都极度缺乏。必须与这些过程有关的事情至今在教育界尚无共识。这些都是那些在报纸上写社论的教育界权威笔下通常讥讽的"心血来潮赶时髦""无用的装饰品"。昨天有位女士告诉我，她已经参观了各式各样的学校，试图找到一所学生的活动比教师传授知识更重要的学校，或学生具有求学动机的学校。她说，她参观了二十四所学校才如愿以偿，遇见了她想要的学校。我可以补充一句，该校并不在我们这个城市。

这些固定课桌的教室暗示另外一点就是，一切安排旨在管理尽可能多的学生；整体对待学生，将其视为由单个成员组合而成的集合体；同时也再度暗示，学生的一举一动都是被动的。孩子们一活动，他们就变回到个人；他们不再是一个人群，成为具有显著个性特点的人，就像在校外、在家里面、在家人之间、在运动场上、在街坊邻居当中我们熟悉的那个人。

在同样的基础上，方法和课程可以说是千篇一律。如果一切教学以"洗耳恭听"为基础，你就有统一的教材与方法。耳朵，与反映耳朵的书本，构成一个老少咸宜的媒介。几乎没有机会根据不同的能力和需求进行调整。有一大堆——数量是固定不变的——现成的结果和成绩，要求所有孩子在指定的时间内一律达到指标。为了回应这个要求，课程已经从小学编排到了大学。世界上需要的知识浩如烟海，需要的技术成就也多如牛毛。于是把这个过程划分为六年、十二年或十六年的数学问题应运而生。现在每年仅仅给予儿童总量相应比例的教学内容，届时完成学业，他们将掌握全部设定课程。每个小时、每一天、每一周或每一年要涉及这么大范围的知识结构，每个知识点最后都以完美的均匀度说得明明白白——倘若学童没有忘记他们前面所学的内容。这一切所产生的结果就是马修·阿诺德①所转述的一位法国教育当局人士自豪地告诉他的，成千上万的儿童在一指定的上课时间，就说十一点钟吧，都在上地理课；在我们美国西部一个城市，教育主管对络绎不绝的参观者反复吹嘘这一得意之作，乐此不疲。

为了阐明旧教育的几个主要特点，我也许话说得有些夸张：态度消极被动，机械地把儿童聚合在一起，课程设置与教学方法划一。这一现象可以总结为重力的中心在儿童之外。重心在教师，在教科书，在你喜欢的任何地方和所有地方，唯独儿童自己直接的本能与活动除外。在那个基础上，很少有人谈论儿童的生活。关于儿童的学习可以说无所不谈，但是学校不是儿童生活的地方。现在我们正在面临教育界之变局：重力中心的转移。这是一场变革，一场革命，不啻哥白尼颠覆宇宙中心从地心说到日心说的那场革命风暴。在这种情况下，儿童变成了太阳，教育的各种措施围绕这个中心旋转；儿童是中心，教育的措施围绕他们组织起来。

如果我们从一个理想的家庭举例，这一家的父母十分贤明，懂得什么对儿童最有利，并且能够提供儿童所需要的东西，我们就会看到，儿童是通过

---

① Mathew Arnold 马修·阿诺德（1822—1888），英国诗人及批评家。——译者

社交性谈话和家庭组织进行学习。

在进行谈话的时候，有些论点让小孩感兴趣，对他颇有价值：向人陈述，提出询问，讨论问题，一问一答之间儿童不断地学习。他陈述自己的经验，有人纠正他的错误概念。此外，孩子参与家庭劳动，因此获得勤勉治家、整齐有序的习性，以及关心他人的权利与意见、养成让自己的活动服从于家庭的共同利益的重要习惯。参加这些既有体力又有脑力的家务劳动成为获取知识的机会。理想的家庭理应有一间工作室，儿童可以在这里发挥他建造的本能。还要有一间微缩版的实验室，他的探索可以得到指导。儿童的生活可以扩展到室外，到花园、周围的田野和森林。他可以观光旅行、漫步与交谈，徜徉其间，一个更为广阔的户外世界向他打开大门。

现在，如果我们把这一切加以组织和普及，理想的学校就唾手可得。其中没有任何神秘可言，也没有什么教育学和教育理论的惊人发现。它不过是将大多数家庭有各种理由可以做到，却相对只是偶尔为之或不屑为之的事情系统地、大量地、明智地、适当地去做的问题。首先，应当扩大推广理想家庭。儿童必须与更多的成年人和更多的儿童接触，为的是有一个最自由与最丰富的社会生活。况且，家庭环境中的消遣与人际关系并非为儿童的成长而专门选择；主要的目的与此无关，儿童从中有所收获纯属偶然。因此才需要学校。在这种学校里，儿童的生活成为全面监管的目标。促进儿童生长所需要的一切手段都集中在那里。学习？当然要学，但生活更重要，通过生活与这种生活的关联进行学习。当我们以儿童生活为中心，并且以这种方式组织教学，我们就会发现，他首先不再是一个沉默寡言的"听课虫"，性情之嬗变判若两人。

人们常说，教育意味着"引出"，如果我们只是将其与"填鸭式"教学过程做对比，这种逗人说话的方式当属妙招。但是，要把引出的观念与三岁、四岁、七岁或八岁儿童平常的活动联系起来毕竟不是容易的事情。他的各种活动已经呈现趋于饱和、漫溢的状态。他不是一个休眠的人，为了慢慢地引出他活动中某些隐藏的胚芽，成年人必须小心翼翼运用技巧去接近他。儿童已经十分热情积极。教育的问题就是要抓住他的活动、给予指导的问题。通过指导，通过有组织的运用，他们就会走向有价值的结果，从而避免漫无目的或放任不管，流于纯粹的冲动性表现。

如果在我们面前能够保持这种状态，我认为很多人心目中最大的难题就是什么叫作新教育的问题，非但没有透彻地解释清楚，竟然不见踪影。人们常常要问一个问题是：如果你从儿童的观点、冲动、兴趣出发，一切都如此拙劣，如此率性与散漫，一点也不优雅或脱俗，他将怎样获得必要的训练、陶冶和知识呢？如果除了激发和放纵儿童这些冲动，我们就无路可走，这个问题就是问得有水平，发人深省。我们应当驳回和压制这些活动，要不就忽略迁就他们。但是，如果我们有设备和材料的编制，在我们面前就开辟了另外一条生路。我们可以指导儿童的活动，遵循一定的方针给予训练，这样就引导他们沿着逻辑上必然矗立在道路的终点的目标前进。

"如果愿望是马，乞丐也有马骑。"由于愿望不等于现实，由于真正满足一个冲动和兴趣就是要解决它，要解决它就难免碰到障碍，就要熟悉材料，运用创意、耐心、韧性、机敏，这不可避免地要涉及训练——能力排序——并提供知识。就拿幼童想要制作一只盒子为例。如果他止步于想象和愿望，他肯定得不到训练。但是当他打算实现他的冲动时，问题就是要让自己的观念明确起来，制订一个计划，选择合适的木料，测量所需的部件、给出它们需要的比例，等等。制作过程包括准备材料、锯木头、刨光、用砂纸打磨，让所有的边和角恰到好处。这样一来，对工具和制作的认识如同短兵相接，无法避免。如果孩子实现了他的本能冲动，盒子制作成功，他就有了充分的机会获得手与脑的训练，磨炼持之以恒的意志，努力克服各种困难，同时获得大量的知识。

因此，毫无疑问，有当厨师意向的幼童对于烹饪之术的含义与代价，或有何要求，知之甚少。它不过是一个"混日子"的欲望，也许是模仿大人的活动。让我们自己降低至那种水平并且迁就那种兴趣，无疑是可行的。但是在这里，同样如此，如果冲动受到激励和利用，就会遭遇刚性条件的真实世界，它必须使自己适应环境，还有训练与知识的因素。最近有一个儿童，当他必须用长时间的实验方法把事情做完时，变得不耐烦了，并且说道："我们为什么要在这上面自找麻烦呢？让我们按照烹饪书上的菜谱做吧。"老师便问孩子们菜谱是哪里来的，对话表明如果他们只是照着菜谱做菜，他们就不懂他们正在做的事情的道理。于是他们十分愿意继续进行他们的实验工作。真的，跟进那项工作就为问题的要点提供了一个例证。他们那天的工作恰好是煮鸡蛋，这是从烹制蔬菜到烧肉的过渡。为了获得比较的根据，他们首先总结了蔬菜中食物的构成成分，并与肉类中的成分做了一个初步的对比。于是，他们发现蔬菜中的木质纤维和纤维素相当于肉类中的结缔组织，给出形状和结构的成分。他们发现淀粉和淀粉产品是蔬菜的特点，而矿物盐在荤素食材中都可以找到，而且蔬菜和肉类都含有脂肪，不过植物性食材脂肪含量低，动物性食材脂肪含量高。然后，他们准备开始研究与蔬菜中的淀粉相对应的动物性食材特点的蛋白质，并且准备好要考虑正确处理蛋白质的必要条件——拿鸡蛋作为实验材料。

他们首先拿不同温度的水来做实验，看它何时达到烫手的程度，何时将要煮开，何时沸腾，确定不同的温度对蛋白的影响。实验做完之后，他们便成熟起来，不仅学会了煮鸡蛋，而且明白了煮鸡蛋的原理。我不想忽视这件特殊事件当中的普遍性。至于一个小孩只是想要煮一个鸡蛋，按照吩咐丢进水里煮三分钟，然后让他拿出来他就拿出来，这没有任何教育作用。但是，如果这个小孩通过认识事实、材料以及包含的条件去实现他的冲动，然后通过那种认识去调整冲动，这样才具有教育意义。这就是两者之间的差异，因为我所坚持的主张而得到彰显，即引发和满足一种兴趣还是通过对兴趣的指导实现梦想。

儿童另外一个本能是使用铅笔和纸张。所有的儿童都喜欢通过形状与颜色的媒介来表现自己。如果你完全放任这种兴趣，让儿童随心所欲地涂鸦，则不会有超越偶然的发展。但是，首先让孩子表达他的冲动，然后通过批评、提问和建议引导他意识到自己做了什么事情、他需要做哪些事情，如此点拨结果就大相径庭。这里举一个七岁儿童做的事情为例。这不是平常的工作，这是在幼童之中做得最好的事情，但是它足以说明我现在所说的特定原则。儿童们当时正在谈论当人们生活在洞穴时代时的社会生活的原始状况。儿童以这种方式表达他们对所见所闻的看法：洞穴以一种不可能的方式整整齐齐地排列在山腰上。君不见儿童画里面传统的树木——一条垂直线，两边有水平状的枝丫。如果放任儿童日复一日地捣鼓这种事情，他就会满足他的本能而放弃运用。但是，现在要求儿童仔细观察树木，把眼中真实的树与纸上所画的树做比较，更仔细更自觉地检查他的工作情况。然后，他根据观察再来画树。

最后，他集观察、记忆与想象于一体重新画树。他又画了一幅随意创作的插图，表达他富有想象力的思想，但是囿于实际树木的翔实研究。结果这幅画是表现一片树林的风景。就其本身而言，我们似乎觉得它像成人作品那样富有诗意，而同时画中的树按照比例是可能真实的树，并非仅仅象征而已。

如果我们把学校中可以见到的冲动粗略地加以分类，可以把它们分为四类。在对话、个人交际和意思的沟通中存在着儿童的社交本能。我们都知道年龄在四至五岁的幼童是多么地以自我为中心。如果向他提出任何一个新的话题，如果他有任何话要说，那就是，"那我知道"，或者是，"那是我爸爸妈妈告诉我的"。他的视野不大，一点经验必然直接来自家庭，虽然他有足够的兴趣把自己的经验讲给别人听，又反过来探询别人的经验，然而，幼童以自我为中心的有限兴趣能够用这种方式无限扩展开来。语言的本能是儿童的社交表现的最简单的形式。因此，它是一切教育资源中重要的、也许是最重要的资源。

然后是制作的本能——建造的冲动。儿童想做想为的冲动首先在玩耍、运动、手势和"假装"游戏中表现出来，然后就变得更确定，在把材料做成有形的形式和永久的具体物的过程当中寻找发泄精力的机会。儿童对抽象的探究没有多少本能。探究的本能似乎产生于建造性的冲动与交谈的冲动的结合。对于幼童而言，实验科学与木匠作坊里面的木作毫无区别。在物理和化学方面他们也一试身手，其目的并非做技术层面的概括性推论，或者甚至要到达抽象的真理。孩子们只不过是喜欢做事情，并且密切注视将要发生的事情。利用这一点，可以循循善诱他们步入正途，产生有价值的结果，亦可顺从秉性任其发展。

同样如此，儿童的表现性冲动，即艺术冲动，也是由交际和建造性本能蜕变而来。它是二者的精髓和完美的表现。使建造用足匠心，并且使其完美、自由与灵活，赋予它社会动机，丰富的内涵，于是你就有了一件艺术作品。兹以纺织工作——缝纫和织布来说明问题。孩子们在作坊里做了一台原始的织布机；在这里建造性本能就有了用武之地。于是，他们希望织布机能够派上用场，做点东西。这是一台印第安风格的织布机，有人曾经把印第安人织的毛毯给他们看过。每一个儿童画了一幅与那伐霍人①毛毯上的图案寓意有亲缘关系的图案，从中遴选一幅最适合手头的工作图案。虽然技术的资源很有限，但是孩子们还是把染色和样式做出来了。展示的样板是十二岁孩子的作品。检验结果说明干这个活需要耐心、严密和韧性。它不仅涉及历史渊源和技术设计元素有关的训练和知识，而且包含在充分传达一种理念时的艺术灵魂。

艺术的方面与建造的方面相结合的另外一个例子是：儿童在学习原始的纺纱和梳毛技术，其中一个十二岁的孩子画了一张正在纺纱的年龄稍长的孩子的画像。这是一项"不同凡响"的工作，超过一般水平。图画中有一双手，正在把羊毛抽出来准备纺纱之用。干活的是一个七岁的儿童。但是，总的来说，特别是年幼的孩子，艺术的冲动多半是与社会本能有关联——有想要说话、想要表现的欲望。

现在，将这四类兴趣牢记在心——谈话或与人交往的兴趣；探查或发现真相的兴趣；物件制作或建造的兴趣；对艺术表现的兴趣——我们可以说它们是自然资源，未投资的资本，孩子们的茁壮成长还须仰仗它们的运作。我希望举一两个例子，第一个来自七岁儿童的行为。它以某种方式说明孩子们的主要欲望是交谈，尤其是家人和与家人有关的事情。如果你观察幼童，就

---

① Navajo 那伐霍人，居住在美国亚利桑那、新墨西哥和尤他等州保留地的一支印第安主要部落。——译者

会发现，他们对万事万物的兴趣主要与人有关，这是作为一个背景和群体关心的媒介。很多社会学家告诉我们，儿童的兴趣和原始生活的兴趣有一定的同一性。在儿童的心理中有对原始人的典型生活的一种自然的再现；儿童喜欢在庭院中搭建茅舍，用弓、箭、矛等玩意做打猎的游戏便足以证明这一点。但是，问题又来了，我们怎样对待这一兴趣——熟视无睹，或欣然激励并且加以引发？抑或因势利导使之前进，使之提高？我们为七岁儿童规划的工作是着眼于后一个目的——利用这种兴趣，使它成为了解人类进步的一种手段。儿童在直接接触大自然以前，先是想象远离他们目前的情况。这一想象把他们带回到狩猎民族，居住在天然洞穴里面和构木为巢的先民面前，通过渔猎勉强获得一份朝不保夕的衣食。他们竭尽所能想象各种各样的能够适应那种生活的自然的物质状况；好比说，靠近崇山峻岭的一个陡峭的、树木繁茂的山坡；一条渔产丰富的河流。然后，他们通过狩猎到半农耕阶段，穿越游牧生活到半定居的农耕阶段。我想指出的重点是，这样就为真正的学习，为最终能够获得知识的探究提供了大量的机会。所以，当本能是对社会方面感兴趣的时候，儿童对人和他们的行为的兴趣就被引入一个更为广阔的世界。譬如，儿童已经有一些关于原始武器、石制箭镞等的观念。这就为他们测试材料的脆性、形状、质地等提供了机会。当他们检验各种不同的石头，寻找哪一种最适合制作箭镞的时候，一堂矿物学的课在无形中就产生了。铁器时代的讨论提出了用黏土建造一座大熔炉的要求。由于孩子们一开始画的草图不对，炉口的大小与位置跟排气孔不配套，于是就需要有关燃烧的原理、制图和燃料的性质的相关教学。然而这种教学并不是事先就预备停当的，它是首先产生需求，然后到达试验阶段的。接着，孩子们取一些像铜一类的材料，去进行一系列的试验，熔化它，把它制成物件；又用铅和其他金属做相同的试验。这项作业也成为地理课的延伸课程，因为孩子们必须想象和创造出必须适应不同形态所暗示的社会生活的物质条件。什么样的物质条件适合于游牧生活？适合于早期农业？适合于渔业？在这些人群之间进行交换的常态的方法是什么？在交谈中提出这些问题之后，他们就在地图上和沙盘上呈现出来。这样一来，他们就获得了地球构造的各种不同形状的观念，与此同时他们也看到地理与人类活动的关系，结果它们不单纯是外部事实，而是与有关人类生活与进步的社会观念融合与结合为一体。在我看来，这个结果完全证明了一个信念，孩子们一年之内的学习实践（一周总共五个小时）获得科学、地理和人类学事实的知识，比在自诩以传授知识为专门的目标与目的的课堂，比单纯在固定设置课程当中所学到的事实多到天壤之别。至于训练，较之先前那种解答纯粹为了训练而练的任意问题，他们获得更多的注意力的训练，更多说明问题、做出推论、敏锐观察和连续思考的训练。

说到这里，我想提一下温读功课或重述背诵课。我们都知道它是什么意思——这是儿童向老师和其他同学炫耀他成功地从教科书里面吸收大量知识的地方。从另外一个角度来看，温读功课出色地成为社交场所；在校氛围犹如家中即兴对话那样亲切自然，只不过更具组织性，要遵循明确的既定路线。温读功课演变成为社交情报交流站，经验和观念在那里进行交换并且接受评论，错误的观念得到纠正，建立新的思维方式和探究方式。

温读功课的变革之路，从考察所学知识的老套子华丽转身为儿童交际本能的自由玩耍，影响和改进了学校里所有的语言教学。在旧的体制下，能否给儿童一种宽松和自由使用的语言，无疑是一个最严重的问题。个中原因显而易见，这是因为很少提供语言表达的自然动机。在教育学的教科书中，语言被定位为表达思想的工具。对于一个大脑受过训练的成年人或多或少会是这样，但是，语言主要是社交的事情，是我们把经验传递给别人，反过来又从别人那里获得经验的工具，这一现象简直是自不待言。当语言人为地脱离了它固有的目的，语言教学就成为一个复杂和困难的问题，这一点也不奇怪。想想看，为语言而进行语言教学是何等的荒谬。如果儿童在入学前有什么事情要做，那就是谈论他感兴趣的事物。但是，如果学校没有任何东西足以引起他浓厚的兴趣，只是为了背诵课文才使用语言，母语的教学就慢慢变成学校工作中主要的困难之一，这不足为奇。既然课堂教授的语言是不自然的，不是从交流生动的印象与信念的真正欲望中产生的，儿童使用语言的自由就渐渐消失了，直到最后中学老师不得不发明各式各样的手段来帮助学生自然而充分地使用语言。此外，如果语言本能以社交的方式进行求助，就会不断地与现实接触。结果是儿童心里总是有事要议论，有话要说，有思想要表达，而且思想不是一个人自己的思想，就不成其为思想。按照传统方法，儿童必须就他刚刚学过的东西说点什么。在这个世界上，有话要说与不得不说，两者之间有天壤之别。一个掌握了各种各样的材料与事实的儿童想要议论它们的时候，他的语言就变得更优雅、更丰满，因为它受现实制约又源于现实。阅读与写作也和口语的运用一样，均可在此基础上进行教学。它可以用相关的方式进行，由于儿童想要细述他的经验，反过来又想得到别人的经验的社交欲望的自然发展，总是通过对真理的交流起决定意义的事实和人物的接触得到指导。

我没有时间谈论高年龄段儿童的行为，他们天生粗率的建造与交际的本能已经发展到有点像科学指导的探究了，但是我要从继续进行的这个试验中举一个运用语言的例子。这项工作是在最普通的简单实验的基础上逐渐引导儿童到校外进行地质和地理的研究。下面我要朗诵的句子在我看来颇有诗情画意，同时又富有"科学精神"。"很久很久以前，当地球混沌初开，满目熔岩，地球上没有一滴水，然而在环绕地球的高空弥漫着一层水蒸气，同时空气中还掺杂着很多气体。其中一种称作二氧化碳。因为地球开始冷却，水蒸气变成了茫茫云海，过了一会儿它开始下雨，雨水哗啦哗啦地落下，溶解了空气中的二氧化碳。"与乍一看可能表面平淡无奇相比较，在那个实验中实际含有大量的科学元素。它讲述了发生在孩子身上三个月左右的工作。孩子们坚持每天、每周做记录，但这只是全部学季工作的一部分。我把这些叫作诗意的语言，因为孩子有一个清晰的成像，而且对于现实成像有个人感情。我从另外两份记录中选取几个句子，用来进一步说明，当语言栩栩如生的时候，恰恰是有一个生动丰富的经验做背景。"当地球冷却到使气体凝结，水在二氧化碳的帮助下，把钙从岩石中拖出来，溶化在大量的水体中，小动物可以在水里得到钙离子"。另一句行文如下："当地球变冷之后，钙藏身于岩石。然后，二氧化碳与水联合起来形成一种溶剂，并且，由于水的流动，将钙拽出来，一路把它运送到海洋，那里的小动物可以从溶液中摄取钙元素。"在与化学物质结合的过程相关现象中运用像"拖""拽"这样的字眼，证明了一种个人的认知，而这种认知会灵光乍现，表达则妙笔生花，颇为传神。

如果我先前没有在其他实例中花费过多的时间，我将要展示儿童如何从非常简单的实物被引领到更大的调查领域和该项研究衍生而来的智力训练。我将提一下工作刚刚开始的这项实验。该实验在于生产用来擦亮金属制品的垩粉。孩子们用简陋的设备——一个大玻璃杯、石灰水、一根玻璃管——从水中沉淀出碳酸钙；以该实验为起点，继续研究各种岩石——火成岩、水成岩等等——在地球表面形成的过程以及它们所在的位置；然后在地理书上指出美国、夏威夷和波多黎各的位置；指出这些形状各异的各种不同的岩体对人类从事活动的影响；以便这份地质记录最后圆满地进入当下的人类生活而结束。孩子们看到并且感觉到这些发生在亿万年前的地质演变过程和决定当今工业职业自然条件之间的联系。

在所有涉及这个题目的可能性当中，我只选中一个"学校与儿童的生活"，因为我发现这个题目给人带来比其他问题更多的困难，成为一块相当妨碍的绊脚石。人们可能乐于承认，最希望学校成为儿童真正生活，获得一种生活经验的地方，这种体验让他心情愉悦，让他发现经验本身的意义所在。但另一方面，我们也听到这样的质疑：在此基础上，儿童如何得到必需的知识；他怎样经受必要的训练？是的，事情已经到了这个地步，很多人，即使不是大多数人，都认为正常的生活过程似乎与读书求知和训练有点冰火难容。所以，我曾试图笼统地指出（因为只有学校本身在其日常运作之中可以给出详细和有价值的描述）这个问题是怎样产生的——怎样可能抓住人性中的基本本能，并通过提供适当的媒介控制他们的表现，从而不仅促进而且丰富个别儿童的成长，同时也提供相同的甚至更多的专门技术知识和训练，这曾经是过去教育理想为之奋斗的成果。

但是，虽然我选择了这种特殊的研究方式（作为对几乎普遍提出的这个问题的让步），我不愿意把这项工作置于差不多消极和解释的状态。生活毕竟是天大的事情；童年时期与童年标准的儿童的生活并不亚于成年人的生活。如果理智地和认真地关注儿童现在的需要，以及在丰富的、有价值的、扩展之后的生活中力所能及的事情，会以某种方式与日后成年生活的需要和可能发生冲突，那真的是咄咄怪事。"让我们与儿童生活在一起"，肯定是指,首先,我们的儿童要生活——不是那种在各种条件下被迫受到压制和阻碍的那种生活,对那种条件最长远的考虑与现在儿童的生活息息相关。如果我们寻找教育上的天国,所有其他的东西都要加在我们身上,有人解释,这就是说如果我们认同儿童时代的真正本能和需要,只有在它充分地主张权利和成长之后再来要求,成年生活的训练、知识和文化修养将会在合适的时候到来。

谈到文化修养,使我想到在一定程度上我只讲了儿童活动的外表——只讲到他的冲动对说话、制造、发现和创造的外在表现。不言而喻,现实中的孩子生活在只有不完美的外在体现的想象的价值和观念的世界中。当前我们听到很多关于培养儿童"想象力"的议论。于是我们取消了很多我们自己的谈话和工作,因为我们相信,想象是孩子某些特殊部分,在某些特殊的方向找到满足——一般说来,属于不真实的和假装的,诸如神话和虚构的故事。为何我们如此铁石心肠和迟迟不肯相信?想象是儿童寄情其中的生活环境。对他而言,想象力的价值和意义多到无以复加,它无处不在,在每一件事情当中都要完全占据他的头脑与活动。学校与儿童生活的关系问题,实质上不过是这样一个问题:我们是否对天生的背景和倾向视而不见,完全不与鲜活的儿童打交道,而去跟我们树立的僵化的观念打交道,还是使这种天生的倾向发挥作用,给它以满足?如果我们一旦相信生活,相信儿童的生活,那么,所说的一切工作和效用,一切历史和科学将成为感染力的手段和培养想象力的材料,并由此使得他的生活变得丰富多彩和有条不紊。凡是在我们只能够看见外部行为和外部产品的地方,就在所有看得见结果的背后,都有精神状态的调整、开阔视野的和富有同情的眼光、增强力量的感觉,以及甘心把自己的见识和能力与世界和人类的利益融为一体的心态。除非文化只是一个表层上光剂,不是一块镶嵌在普通木器上的桃花心木,那它一定会是这样——想象力在灵活性、视野和同情心方面不断成长,一直到个人的生活感受到自然和社会的生活。当自然与社会能够在教室里生存,当学习的形式和工具能够从属于经验的本质的时候,那时就有了实现融为一体的机会,而文化修养就会成为一个民主的密码。

三、教育中的浪费

今天讲的题目是《教育中的浪费》。我想先就这一讲与前面两讲的关系做一个说明。前一讲从社会的角度讨论学校，以及做一些必要的调整，使学校在现代社会条件下发挥作用。第二讲讨论学校与各个儿童的成长与学校的关系。现在第三讲是讨论学校本身作为一种机构与社会和学校自己的成员——儿童——这两方面的关系。这一讲要涉及组织机构问题，因为所有的浪费都是缺乏组织的结果，而组织背后的动机是促进节约，提高效率。这个问题不是一个浪费金钱和浪费物力的问题。这些问题都可算作浪费，但是主要的浪费是人的生命的浪费，儿童在校就读期间生命的浪费，以及因为受教育不足和误入歧途继续造成的浪费。

因此，当我们谈到组织时，我们所想到的不仅是那些外在的东西，那些称作"学校制度"的东西——校董会、教育厅、校舍、教师的聘用与擢升等等。这些问题不能不谈，但基本的组织是学校本身作为一个个人共同体，与其他各种社会生活形式产生联系。所有的浪费应归咎于相互隔离。组织不过是使方方面面的事情彼此产生联系，这样它们可以非常容易、灵活和充分地运转。因此，在说到教育浪费这个问题的时候，请你们各位注意学校制度的各个职能部门的隔离现象，注意教育目标缺乏统一性，在学科和教法上缺乏连贯性。

我绘制了一个图表（图1），当我说到学校制度本身的相互隔离的时候，或许可以眼睛一亮，借诸君目力省却一点我的口舌之功。我有一位爱诡辩的朋友说，再没有别的什么东西比图解使人糊涂了，很有可能是我企图用图表来说明我的观点，最后只不过证明他的话是对的。

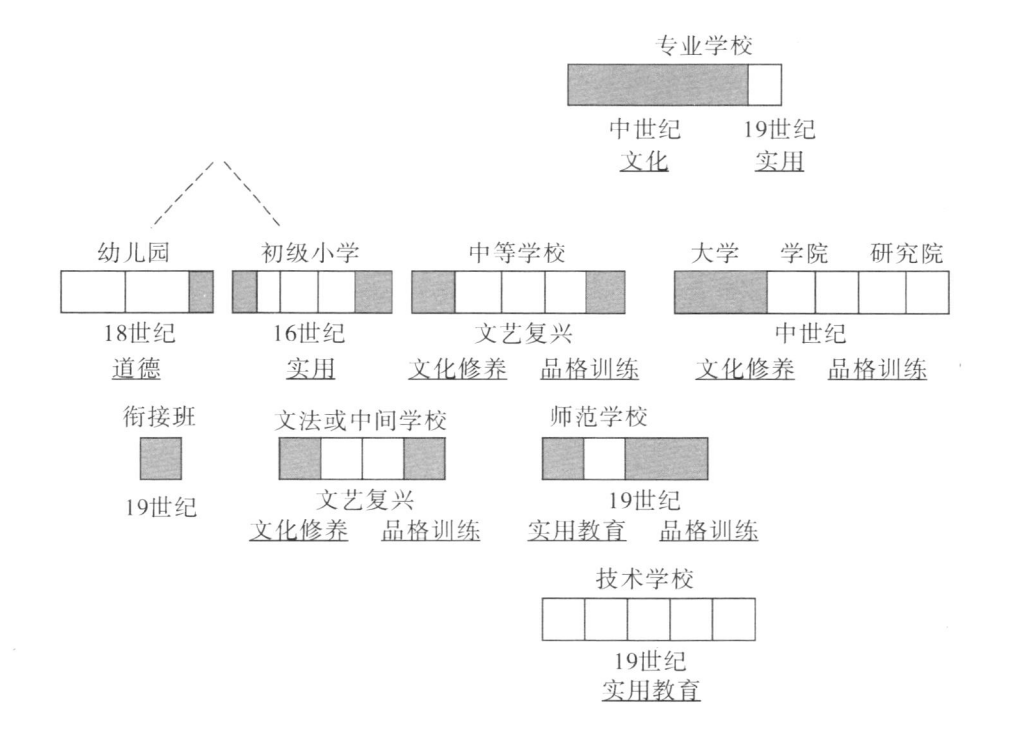

```
                                    专业学校
                                   ┌──┬─┐
                                   │▓▓│ │
                                   └──┴─┘
                                 中世纪  19世纪
                                  文化   实用

  幼儿园      初级小学       中等学校            大学   学院   研究院
 ┌──┬─┐    ┌──┬─┐      ┌─┬─┬──┐         ┌──┬─┬─┬─┐
 │  │▓│    │▓▓│ │      │ │ │▓▓│         │▓▓│ │ │ │
 └──┴─┘    └──┴─┘      └─┴─┴──┘         └──┴─┴─┴─┘
  18世纪     16世纪      文艺复兴                  中世纪
   道德      实用       文化修养  品格训练         文化修养  品格训练

  衔接班    文法或中间学校      师范学校
  ┌─┐      ┌─┬─┬─┐           ┌─┬─┬─┐
  │▓│      │▓│ │▓│           │▓│ │▓│
  └─┘      └─┴─┴─┘           └─┴─┴─┘
  19世纪       文艺复兴              19世纪
           文化修养  品格训练     实用教育  品格训练

                             技术学校
                           ┌─┬─┬─┬─┐
                           │ │ │ │ │
                           └─┴─┴─┴─┘
                             19世纪
                             实用教育
```

图1

图中方块代表学校制度中不同的要素，旨在约略地指出给每一个学段的时间长度以及在时间和所学科目交错之处。在每一个方块下面标明了历史条件和当时兴起的主导思想。

从整体上来看，学校制度是自上而下发展起来的。在中世纪，主要是一批职业学院——特别是法学与神学。我们现在的大学是从中世纪发展而来的。我不是说现在的大学是中世纪的制度，但是它的根基在中世纪，所有中世纪的学术传统至今依然历久弥新。

二十世纪兴起的幼稚园是育儿室与谢林哲学结合的产物；是母亲与她的孩子进行游戏和运动与谢林的高度浪漫主义和象征主义哲学联姻的产物。来自儿童生活实际研究的因素——育儿室的延续——在所有教育中保持孕育生命的力量；谢林式的因素在幼稚园和学校制度的其余部分之间产生了障碍——造成了隔离。

画在顶上的山形线表示在幼稚园和小学之间有一定的相互作用；因为，只要小学在精神上与儿童生活天然情趣保持格格不入的状态，它就与幼稚园隔离了，以至于现在的问题是把幼稚园的教学法引进到小学去，即所谓衔接班的问题。困难在于两者的起点不同。为了使两者衔接，教师不得不"翻墙"进去，而不是从"大门"进入。

在目标方面，幼稚园的理想是儿童的道德发展，而不是教学或训练；这个理想有时一味强调至感情用事的程度。小学出生于十六世纪的民众运动。当时，随着印刷术的发明和商业的发展，通晓读、写、算成为商业的需要。目标显然是实用性的，那就是实利；掌握这些作为学问象征的工具，不是为了学术，而是因为它为人生的事业打开门径，胸无点墨，人生的事业就会对你大门紧闭。

小学之后的一个阶段是文法学校。在美国西部各州，这个名称鲜为人知，而在东部各州则被普遍使用。这种学校可追溯到文艺复兴时代——也许略早于小学产生的条件，而且，即使它们同时存在，理想也各不相同。它必须学习更深意义上的语言，因为在文艺复兴时期，拉丁语和希腊语把人们与过去的文化、与罗马与希腊世界连接起来。古典语言是从中世纪的桎梏下摆脱出来的唯一工具。于是出现了文法学校的原型，它比大学（主要是专业性的）更富有通才教育的精神，其目的是使人们掌握研究古代学术的钥匙，使人们能以更广阔的视野观察世界。它的目的首先是文化修养，其次是训练。它体现的内涵远远超出现在的文法学校。它是大学中通才教育的要素，向后扩展就衍生为专门学校和中学。因此，中等学校仍旧部分地刚好是低于学院（开设课程甚至比好几个世纪以前的学院更高）或学院的预科，部分是初等学校的实利性质的综合。

接着出现了十九世纪的两种产物——技术学校和师范学校。工科学校、工程学校等当然主要是十九世纪商业条件发展的产物，正如初等学校是十六世纪商业条件发展的产物一样。师范学校的兴起是培养师资的需要，其意图部分是专业训练，部分是文化修养。

无须赘述，如图所示，我们在学校制度中大约有八个不同的组成部分，其中每个部分都是在历史上不同的时期出现的，每一种都有着不同的理想考量，因此，方法也不相同。我不想暗示，所有的孤立、所有的隔离，过去存在于学校制度中各个不同部分之间，现在依然痼疾难除。然而，必须承认，它们从来也没有结合成为一个整体。教育管理方面的重要问题是如何将这些不同的部分统一起来。

让我们考虑一下培养师资的学校——师范学校。这些学校所处位置有点儿名不正言不顺，它们介于中学与学院之间，需要中学做预备阶段而又包含着一定数量的学院课程。它们与学术性的高级学科分离，因为从整体上看，它们的目标是培养人怎样教，而不是教什么。可是，如果我们到学院去，又发现这种隔离的另一半——学习教什么，而对教学方法几乎不屑一顾。学院禁止与儿童和青年接触。它的学生大都远离家庭，忘记了他们自己的童年时代，结果最后成为掌握大量教材的老师，而对教学内容与受教育者的心智如何发生关联一窍不通。在教什么与怎么教这种互不搭界的状态中，每一方都由于这种分离蒙受伤害。

探究一下初等学校、语法学校和中学之间的相互关系很有意思。初等学校一拥而上，采用很多从前在新英格兰语法学校学习的科目。中学已经往后压缩它的科目。拉丁文和代数安排在高年级，这样七、八两个年级全部都是旧式语法学校遗留下来的科目。它们是一种难以名状的混搭，一部分是儿童继续学习已经学过的学科（读、写、算）的地方；一部分是为升中学做准备的地方。在新英格兰有些地区，这些高年级的名称叫"中间学校"。这个专门术语是个巧妙讨喜的字眼；其作用不过是介于已经有的和将要有的课程之间，它本身没有特别意义。

正如学制的各个部分被隔离开来一样，它们的理想也各不相同——道德的培养、实际的功用、一般文化修养、教规训练和专业训练。这些目标中的每一个都专门代表教育制度的不同部分，而且各部分之间关系日益密切，每部分都要求一定的文化修养、训练和实利教育。但是，事实上证明缺乏基本的统一性，仍然认为某一学科有利于训练，另一门学科有利于文化修养。例如，认为算术的有些部分有利于训练，而另一部分有利于应用；文学有利于文化修养，文法有利于训练；地理部分地有利于实利，部分地有利于文化修养，等等。教育的统一性荡然无存，各门学科呈离心状态，这门学科完全是为了达到这个目的，那门学科完全是为了达到另一个目的，直到整个教育变成完全是互相竞争的目标和互不联系的学科之间的折中妥协与大拼盘。教育管理方面最大的问题是确保整体统一性，在一系列多多少少互不联系和交叉重复的地方，我们要对症下药，减少因为互相摩擦、彼此重叠和没有适当的衔接过渡所造成的浪费。

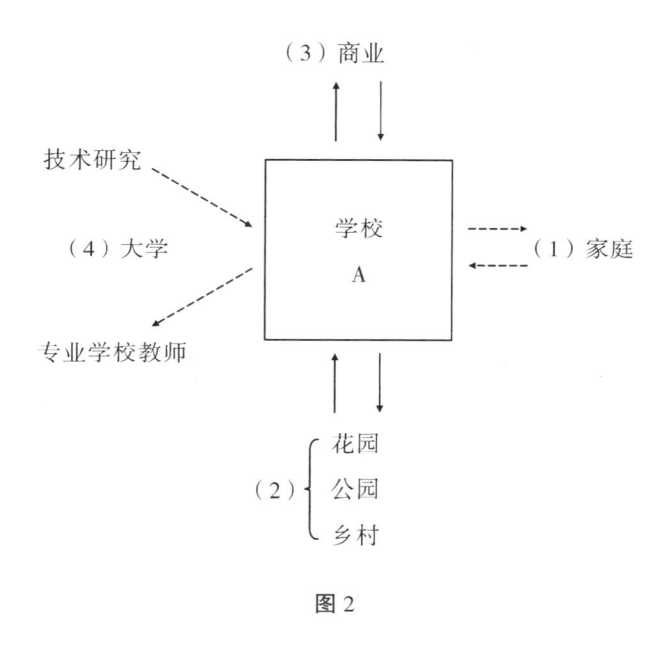

图 2

在第二幅示意图中，我想提出我的看法，实际上把学校制度的各个部分统合起来的唯一方法就是使每一部分与生活结合。如果我们把关注点局限于学校制度本身，就只能够得到一个统一性的假象。我们必须把学校制度看作社会生活的更大整体的一部分。中央的（A）方块代表学校制度的整体。一边的（1）是家庭，两个箭头代表家庭生活和学校生活之间在各种影响、躯体上和观念上无拘无束的相互作用。下面的（2）是与自然环境的关系，即最广义的地理课的主要领域。校舍四周有自然环境。它应该成为一座花园，并将儿童从花园引向周围的原野，然后再进入有着所有事实和力量的更广阔的乡村。上面的（3）代表商业生活以及学校和工业的需要与各种势力之间必要的自由活动。另一侧的（4）是大学本部的方方面面，它的实验室，由图书馆、博物馆和专业学院组合的教育资源组成。

　　从儿童的立场来看，学校最大的浪费莫过于儿童完全不能把在校外获得的经验完整地、自由地在校内利用；与此同时，在另外一方面，他也不能够把在校所学运用于日常生活。这就是学校的孤岛现象——与生活脱节。当儿童走进教室，他不得不把大部分的观点、兴趣和活动从大脑中清除，这些东西支配主导他在家庭和社区的一言一行。由于学校不能利用这种日常的经验，于是煞费苦心另辟蹊径，采用各式各样的方法与手段，来激发儿童对学校功课的兴趣。几年前当我访问莫林市的时候，教育局局长告诉我，他们每年都发现许多孩子当他们知道课本中的密西西比河与流经他们家门口的淙淙溪水有干、支的水系关系的时候都大为惊讶。尽管地理课不过是教室里的教学内容，但是它或多或少唤醒了很多孩子发现整个来龙去脉不过是他们每天看见、感觉和触摸的东西，换成一个更正式、更明确的事实陈述罢了。如果我们都想一想我们住在地球上，我们生活在大气中，我们生活中的细枝末节都受到土壤、植物群、动物群的影响，受到光和热的眷顾，然后再想一想学校里的地理课都学成什么样子了，我们就会对儿童的日常经验与学校大量提供的那些超凡脱俗的教材之间的鸿沟产生一个典型的概念。这不过是一个我们多数人应该早早反思的例子，时间远在我们认为当今学校无视自然的人为做法并非理所当然和必要的事情之前。

　　虽然学校与商业生活之间应该存在有机联系，但并不是意味着学校将要为儿童从事任何特定的商业做准备，而是说儿童每天的生活都要与他周边的商业环境有一种自然的联系。学校的工作就是对这种联系有明晰的认识，解除对它的限制，让它进入意识，不是靠引进专门的科目，诸如商贸地理、商贸算术，而是通过保持普通的关系纽带呈现的勃勃生机来阐明这种联系。混合商业合股的科目在现在的很多算术课本中可能难觅踪影，虽然它的消失还不到一代人，因为当年经营教科书的出版商说了，如果他们遗漏了任何内容，书就销不出去。这种混合商业合股的起源可以上溯至十六世纪。那时尚未发明股份制公司，由于与印度和美洲的大宗贸易逐渐形成，就需要集聚资本来进行交易。一个人说："我将投入一笔钱，为期六个月。"另一位会说："两年为限就这么多钱。"就这样通过发行债券集资的方式他们获得足够的金钱开办商贸企业。于是学校就顺理成章地开设了"混合合股"这门课。股份制公司发明了，混合合股消失了，但是与它有关的问题在算术中保留了两百年。在它们不再具有实际用途之后，为了智力训练，依然被保存下来——"如此头痛的问题，你要知道。"现代算术中在百分比这个标题下讲的许多东西都具有同样的性质。年龄在十二和十三岁的儿童要学完盈亏的计算和各种形式的银行贴现，这些东西如此复杂，银行家很久以前就已经弃用。如果有人指出商业上已经改弦更张，我们又会听到"智力训练"的老调重弹。然而在儿童的经验和商业状况之间有大量真实的联系，这一点需要加以利用和彰显。儿童应该学习商业算术和商业地理，但不是把它们当作"离群索居"的东西来学，而是与社会环境联系起来学习。青少年需要熟悉银行，这个现代生活的一个要素，知道它是做什么的，它是如何运作的，因此，有关算术的方法才有点儿意义——这与我们在算术中所发现的关于百分比、分期付款等耗费时间和绞尽脑汁的例子截然不同。

与大学的关系，如图所示，兹不赘述。我只想指出，在学校制度各部分之间应该有自由的相互作用。在初等学校和中等学校的教材中有很多完全是琐碎的东西。当我们对它加以研究时，就会发现课本里充满了那些不是事实的事实，这些东西以后必然会无师自通。因为这件事的发生是由于我们制度中"较低层次"与"较高层次"之间缺乏一种唇齿相依的关键联系。在它的观念中，大学和学院是进行调查研究的地方，是图书馆和博物馆的所在地，在那里收集、保管和组织整理了历史上最珍贵的资料。然而，探索精神只能通过和依靠探索的态度才能得到，无论中学与大学概莫能外。学生必须学习有意义的东西，能够开阔视野的东西，不要去关注那些无关紧要的琐碎事情。他必须认识真理，而不是五十年前人们对事物的看法，或者因接受培养不够完整的老师的错误理解而视为有趣的东西。要看到如何达到这些目的非常困难，除非教育制度中最高级的部分与最基础的部分完全互动起来。

下图（图3）是图2的扩大。校舍扩建了，可以这么说，周围环境是江

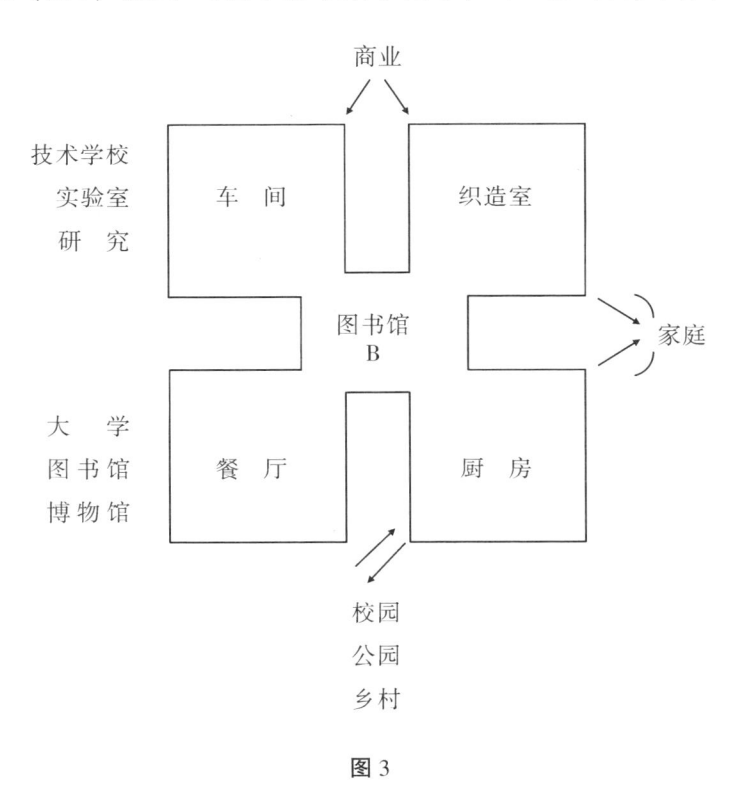

图3

山依旧，家庭、校园和乡村，与商业生活和大学的关系都没有什么改观。我们的目标就是要表明学校必须要拥有的气象，它要摆脱它的"孤岛现象"，确保与我们说到的社会生活保持有机联系。此图由建筑师绘制，并非我们期待的校舍图，但是它用图解的方式呈现出我们要在校舍中体现的理想。在图的下方你会看见餐厅和厨房，上方有木工车间以及缝纫和纺织的织造室。中心象征着百鸟朝凤的风格，所有一切向居中的图书馆汇集，这就是说，此地为各种智力资源集大成者，有助于理解实际的工作、赋予工作的意义和丰富的价值。如果四个角落代表实践，内部中心就代表实践活动的理论。换句话说，学校中各种形式实践的目的主要不在于它们本身，不在于厨师、女裁缝、木匠和泥瓦匠的专门技巧，而在于它们在社会方面与校外生活的联系；同时，在个人方面，它们是回应儿童在行动、表现、做事的欲望等方面的需要，希望他能够有所建树、有所创造，而不是一味地唯唯诺诺、循规蹈矩随大流。它们的重大意义在于保持社会方面与个人方面的平衡——图表特别象征与社会的联系。图的一边是家庭。连接线在家庭、厨房和学校的织造室之间跳来跳去，多么自然！儿童把在家中所学带到学校加以运用；又将学校传授的知识应用于家庭。这些是破除隔离状态、加强互联的两件大事——让孩子把在校外获得的全部经验带到学校，离开学校则立竿见影地在日常生活中实践书本知识。儿童带着健康的身体和多少有些勉强的心态来到传统学校，事实上，虽然人在学校，他并没有把他的整个身心全部带来；他不得不将他的心智弃置脑后，因为在学校里毫无用武之地。假如他有纯粹抽象的心智，他可以把它带到学校；但是他的心智是具象的，只对具体的东西感兴趣，除非这些具体的事物克服障碍进入学校生活，否则他总是心不在焉，魂不守舍。我们希望的是让孩子带着他整个的心灵、整个的身体来到学校，带着更为丰满的心智、甚至更加健康的体魄离开学校。说到身体便使人产生联想，虽然这些图里面没有健身房，但是在它四个角上进行的积极生活带来了经常性的体育锻炼，然而我们严格意义上的健身房将会研究应对孩子们的特殊缺陷和他们的矫正治疗，我们将要更加自觉地去全面增强身体素质，作为健全心智的栖身之所。

餐厅和厨房与乡村以及它的生产过程和产品息息相关，这几乎是不言而喻的。然而烹饪之教学与乡村生活，与统一在地理课中的自然科学毫无对接。或许烹饪课通常就这样自说自话，一直教授至今，没有与这些学科进行真正意义上的融会贯通。但是，所有进入厨房的食材都冠以乡村的原产地，它们来自土壤，通过光和水的作用得到栽培，体现了千差万别的当地环境。通过这种联系，从花园扩展到更加广阔的世界，孩子一下子开了窍，对于自然科学的学习就有了他最自然的入门方式。这些东西生长在哪里？它们生长需要什么条件？它们跟土壤有什么关系？不同的气候条件有什么影响？如此等等。我们都知道旧式的植物学是什么：一部分是采撷美丽的花卉，压平风干制成标本；一部分是把花一片片扯下来，给不同的部分标上专业术语，查明所有不同的叶子，并说出它们所有不同的形状和结构。这是研究植物，不用关心它们的土壤、乡村和生长情况。与此相反，真正的植物研究要结合它们的自然环境以及它们的用途，不是单单把它们视为食物，还要针对它们对人类社会生活的所有适应性进行研究。烹饪也成为学习化学的最自然的入门课程，这里也传授给儿童一项生活技能，他可以马上运用在他的日常生活经验中。我曾经听到一位非常知性的女人说，她无法理解怎么能够给幼童教授自然科学，因为她实在不明白乳臭未干的小孩子怎么才能懂得原子和分子。换言之，既然她看不懂把高度抽象事物在脱离日常经验的情况下如何呈现给儿童,她也完全不会理解自然科学如何教学。在我们对此番言论付之一笑之前,我们需要扪心自问,是不是只有她一个人主观臆测,或者,它是否制定出几乎我们所有学校教学实践的既定原则。

在学校车间和织造的实验室里,也可以找到与外部世界同样的联系。由于材料的来源渠道,它们与乡村有联系;鉴于应用能量的科学运用,它们与物理学有联系;在建筑和装修的发展中要涉及艺术,它们与商业和销售有联系。在其技术学校和工程学校方面,它们与大学有密切的关系,与实验室和它的科研方法和成果也有关。

让我们回到标有"图书馆"(图3,B①)的方块上:如果你想象这许多房子有一半在四个角落,一半在图书馆,你就会明白口述室的概念。在这个地方,孩子们带来各种经验、令人困惑的事、疑难问题和他们发现的特殊事实,并进行讨论以便获得新的认识,特别是从别人的经验中、从世界积累的智慧中——以图书馆为象征——获得新的认知。这里有理论与实践的有机联系;孩子不仅做事,而且也获得他做事的概念,从一开始就获得一些融入和丰富他实践的理智的概念;同时每一个概念都可以直接或间接地在其经历中加以运用,并且对人生产生影响。几乎不用说,这就确定了"书本"或阅读在教育中的地位。用书本和阅读来替代经历非常有害,而用来说明和推广经验则至关重要。

图4(见下页)恰好说明了这个同样的概念。它提供了这所理想学校象征性的第二层楼的情况。上方两个角是实验室,下方两个角是艺术工作室,包括美术和音乐。凡是厨房和车间里面发生的化学和物理疑难问题,都带到

---

① 原文误为图3,A。——译者

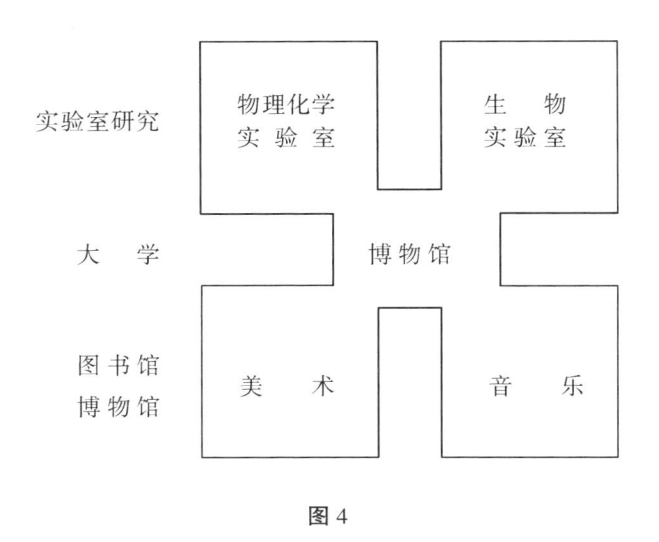

```
              物理化学        生  物
实验室研究      实 验 室      实 验 室


   大   学              博 物 馆


   图书馆       美  术       音  乐
   博物馆
```

图 4

实验室来寻求答案。上个星期，有个大龄组的儿童正在实践织布，涉及使用纺轮，于是他绘制了有关纺车踏板和纺轮的力的方向、纺轮与锭子之间的速度比例的图解。用同样的方法，儿童在烹饪中要使用不同的植物，这就为对植物学产生兴趣提供了基础，也许可以由他们自愿选课、自主学习。在波士顿某一所学校，一连数月的科学课程集中研究棉花的生长，并且每天增加一点儿新内容。我们希望对于为缝纫和纺织提供原材料的各种植物做类似的工作。我希望，这些例子将给我们一个启示，实验室具有的这种关系应当向学校其他部门转移，加以仿效。

绘画和音乐，或者是平面艺术与听觉艺术，代表我们所有从事工作的极点、理想化和精美优雅的最高点。我想，凡是对这一学科不抱纯书本观点的人定会承认真正的艺术出自手艺人的作品。文艺复兴时期的艺术之所以伟大，因为它由生活中的手工艺术发展而来。它并不是产生在与世隔绝的环境中，不管这环境多么理想，而是把它们在朴素的日常生活形态中发现的过程进行下去，使其具有精神的意义。学校应该注意到这种关系。纯粹的手艺人血统是狭隘的，纯粹的艺术，自为的艺术，从外面移植来的艺术，有变成不自然、空洞、伤感的倾向。当然，我并不是说，所有的艺术工作在细节上必须与学校的其他工作互相关联，而是说，和睦融洽的精神赋予艺术以活力，给其他工作带来深度与多元色彩。所有艺术都要牵涉到人体各种器官——眼和手，耳朵和嗓子；然而，艺术是一种不可名状的东西，超越那种由表现器官展现的单纯的专业技巧。它包含一种理念、一种思想、一种万事万物的精神描写，到目前为止，艺术不是它自身独立自存的概念。它是思想和表现手段的生动的统一。这种统一有一种象征的说法，在理想的学校里面，艺术工作被看作是车间的工作，经过图书馆和博物馆的提炼，再次升华为行动。

试以织造室为例说明这种综合性。我在说一所未来的学校，我希望这所学校，未来我们一定要有。在那间纺织室里基本的事实是，这是一个车间，实际进行的工作是缝纫、纺纱和织布。孩子们直接与各种材料发生关联，需要与蚕丝、棉花、亚麻和羊毛的各式纤维打交道。一旦接手这些材料，相关知识立刻就会出现在头脑中；它们的产地、历史，对特殊用途的适应性，利用原材料的各式机器。在解决涉及理论和实践的问题时，脑与手的训练刻不容缓。文化从哪里来？一部分是靠观察科学与历史的情况和联想这个媒介反映到眼前的所有事物，借助这个机缘，儿童学会欣赏它们视其为技术成就，看作融入行动的思想；另外一部分是因为引进到织造室的艺术理念。在理想的学校里，应该有这样的配置：首先，有一座齐全的工业博物馆，陈列制造业各个时期的材料样品，用于制造业的从最简单到最复杂的各类器械；然后是收集的图片资料，展示原材料出产地的山水和风景，它们的故乡，它们的制造地。这样的图片在综合艺术、科学和工业的讲述中将成为生动有趣、历久不衰的一堂课。还要有更精美的织品的样品，像意大利、法国、日本和东方各国的顶尖珍品。同时也要有已经投产的物件样品，说明它们的设计动机和装饰理念。文学在世界工业理想化的表现中将要做出自己的一份贡献，正如《奥德赛》中的佩内洛普——《奥德赛》是一部文学名著，因为该人物是社会生活在一定工业化阶段的恰当体现。所以，从荷马直到现在，将口述事实翻译成为艺术词汇犹如一泓文学的清泉，源远流长。音乐做出了它应有的贡献，从苏格兰的纺车谣到玛格丽特的纺纱曲或瓦格纳的《撒旦》。车间蜕变成如诗如画的博物馆，让人赏心悦目。它不仅有各种材料——漂亮的木材和图案——而且将奉献一个由绘画和图片演绎的建筑历史沿革概览。

有鉴于此，我已经努力指出，学校怎样才能与生活联系起来，使儿童能把不经意间以耳熟能详的方式获得的经验带到学校里去并加以运用，儿童在校所学亦可带回家在日常生活中学以致用，让学校成为一个有机的整体，而不是一个由彼此隔绝的部分构成的混合物。这样一来，各个学科以及学校制度各个部分互不搭界的状态便消弭于无形。经验有地理、艺术和文学、科学与历史诸多方面，不一而足。所有的学科都起源于一个地球不同层面，而生命唯有依赖地球生存。我们并没有一个分成一系列层次的地球，其中一层叫数学，其他的层次分别叫物理、历史，等等。在其中任何一层我们都不可能长久生存，我们生活在一个方方面面都紧密相连的世界。所有学科都是在与一个伟大的共同世界的千丝万缕的关系中产生的。当儿童生活在与这个共同世界有一个变化多端，但是具体和活跃的关系之中的时候，他的各科学习就自然而然地统一起来。把全部学科串联起来不再是伤脑筋的问题。教师不必求助于各种手段，煞费苦心地在历史课堂上编织一点儿小算术题，诸如此类的小把戏。把学校与生活联系起来，那么所有的学科都必然相互关联。

此外，如果学校作为一个整体与生活连为一个共同体，它的各项目标和理念——文化、训练、知识和实用——不再是各不相同的东西，为一个目标而选择一个学科，为了另外的目标又去选另外的学科。儿童社交能力与社会服务方面的成长，他与生活更广阔更生动的联合，成为统一的目标；而训练、文化和知识都汇作一处构成成长的各个方面。

关于我们的特殊学校与芝加哥大学的关系我有话要说。问题是要把教育作为一个整体与日常生活有机地联系起来，借以统一教育，组织教育，并把它种种不同的因素结合起来。这所附属于芝大教育学院的特殊学校，对于从四岁幼童发蒙开始一直延续到芝大研究生的工作，有必要拟定一种方案，用作这种统一的范例。芝大各系系主任制订了科研计划，有时甚至不遗巨细，我们已经从中受益良多。研究生带着研究课题和教学方法，推荐的理念和问题来到我们这里。图书馆与博物馆随时可以利用。我们要把所有教育上的事情放在一起统筹兼顾，打破把幼童的教育与日渐成熟的青少年的教学分隔开来的障碍，把低年级的教育和高年级的教育融为一体，使之在人眼中并无高低贵贱之分，所有的编制均为教育而已。

再特别讲一下教育方面的工作。我想美国最早的大学教育学讲座约有二十年的历史——由密歇根大学于十九世纪七十年代后期建立。可惜只有一两个讲座曾经尝试理论结合实践。它们大多是用理论、讲义、参考书进行教学，而不是通过教学本身的实际工作。在哥伦比亚大学，通过师范学院，在大学与师资培训之间建立了广泛而密切的联系。还有一两处地方按照同样的思路加以仿效。我们要求在这方面有更密切的联系，大学应当把它的一切资源供初等学校自由使用，奉献与时俱进的有价值的新教材和正确的方法；而初等学校也应投桃报李，成为一个实验室，让教育系的学生在这里看到各种理论和观点得到验证、检验、评论、实施和新真理的发展。我们要把这个学校与大学之间的关系树立成为一个统一教育的实际工作的典范。

　　我要说一句关于学校与一般教育界同仁的关系。我曾听说有一位教师反对我们学校实施某种教学法，其理由是："你要知道那是一所实验学校，它们的工作条件与我们的不一样。"因为做实验的目的就是让其他人不需要做实验；至少不必做那么多的实验，其中可能有确定和毋庸置疑的规律为大家提供依据。做实验要求特殊和有利的条件，以便顺风顺水、十拿九稳地达到预期的效果。开展实验必须不受干扰，自由使用一切必需的资源。今天所有的大型商贸企业的背后都建有实验室，每一家大工厂、每一条铁路与轮船公司系统概莫能外。然而实验室不是做买卖的企业，它的目标不是确保盈利的商业生活的条件，也不要商贸企业重复实验室的工作。解决问题、测试新真理或是新方法，再大规模应用，推广到民众之中，并使之商业化，这两者之间大有区别。但是，第一件事情是要发现真理，提供一切必要的设备，因为从长远来看这毕竟是世界上最现实的事情。我们并不指望其他学校亦步亦趋地模仿我们的做法。一个工作模型不是依样画葫芦，可以如法炮制；它只是为原理的可行性和使原理可行的方法提供一个证明。因此，（回到我们自己的观点）我们这里想要做的事情是解决学校制度本身的统一和组织问题，欲达此目的，要使工作模型与生活紧密联系，以便证明在一切教育中建立这种组织的可能性与必要性。

四、初等教育心理学

大多数公众对于自家孩子就读的学校那些日复一日的校园教学活动很有兴趣，此乃人之常情。这也是家长们的真心话，送儿女入学指定是为了将来有所出息，绝不是去为什么教育理论做贡献。大体上来说，造访学校的参观者在不同程度上认可儿童在他们眼前的实际学业成绩，但是很少有人既感兴趣又有时间去考虑与基础问题有关的工作，这也符合参观者的真实情况。一所学校不能忽略对外宣传这一方面的工作，因为只有用心经营此道，学校才能保持资助人的信任和学生的入学。

然而，一所由大学一个系指导的学校一定应该有另外一面。从大学的立场来看，工作中最重要的部分是科学的——对教育思想的进步所做的贡献。以教育一定数量的儿童为目标，简直不能证明一所大学脱离了它局限于培养中学毕业生的传统。唯有科学的目标，实验室的经营，可以与其他科学实验室相媲美，才能是大学维持一所初等学校的理由。这样的一所学校是应用心理学的实验室。这就是说，它是一个研究心理的场所，是针对在儿童身上出现和发展的心理现象，探索那种似乎最可能实现和推进正常生长的身体与力量的地方。

它不是一所师范学校或者是一个培养教师的科系。它不是一所示范学校。它不打算论证任何一种特殊的理念或教义。它的任务是按照现代心理学所阐明的智力活动和生长过程的原理来观察儿童教育的问题。这个问题有不可穷尽的性质。所有的学校不过是尽其所能在各自所在地做出贡献，主张从理论与实践的角度来考虑教育的必要性。既然目标已经确定，学校的条件当然是必须要与之相适应。在这种阻碍许多儿童生活的主要事实不让它们暴露的人造环境下，要努力研究成长的过程与规律，这简直就是无稽之淡。

在实践方面，这个实验室问题采取建立科目课程的形式，这些课程与儿童在能力与经验方面成长的自然历史是一致的。问题是教材选择的性质、种类和适当的比例，一定要满足特定生长时期的需要和能力，至于表现的方式，要使选定的教材成为儿童成长的重要部分。对于我们在这些问题上的知识的局限性和无知的深度，不论怎样充分和坦率地承认，都不算过分。没有人已经完全科学地掌握了儿童生活中任何一年的主要心理事实。声称最适合促进这种生长的物质已经被发现，这纯属一种臆断。建立教育实验室的设想倒是认为对于生长的条件和模式的了解足以使智力的探索成为可能；只要按照我们已经达到的认知水平去行动，就可以有更多的发现。主要的关键点是这种实验作业可以增强我们合理的说服力。这一要求是确保允许并且鼓励研究自由的安排；一定要保证不许重要的事实被视而不见；保证具备由探询所指引的可以认真进行的教育实践的条件，保证没有来自不正当地依赖传统和先入之见的歪曲和压抑。正是在这个意义上，这所学校将成为教育的试验站。

那么，从心理学中采纳的主要工作假设是什么呢？已经想出什么教育观点在某种程度上与所采纳的心理学步调是一致的呢？

这些问题的讨论可以通过指出当代心理学和旧时代心理学之间的强烈对比来进行。这悬殊差别可分为三个层次。早年的心理学把心看作是纯粹与外部世界直接、赤裸裸接触的个人的事情。要问的唯一问题是心与世界之间互动的方式。如果宇宙间有一颗独自生存的心性，整个认知的过程从理论上说就是完全相同的。现在的趋势是把个人的心理看作社会生活的功能——自己不能运作和发展，而是需要来自社会力量的不断刺激，并且从社会供应中获得营养。遗传观念使得这一见解众所周知，即个人的素质，无论智力还是身体，均来自家族的遗传；此为个人继承过去的遗产，由他自己为将来托管。进化论使得这一概念广为人知，即不可将心理视为个人垄断之物，而是代表了人类的努力和思想的成就，它是在社会和自然环境中得到发展的，社会需要和社会目标是形成心理的最强大的因素——野蛮与文明之间最主要的差异不是每个人面对的赤裸裸的自然界，而是社会遗产和社会环境。

针对童年的研究结果也同样阐明，这种在社会中获得的遗传天赋只有在当前社会的刺激作用下才能在个人身上产生作用。自然界的确必须提供光、声、热等物质刺激，但是这些刺激的意义，它们能说明什么问题，却有赖于儿童生活于其中的社会对它们作用和反作用的方式。仅有光的物理刺激不是全部的事实；通过社会活动和思想对它的解释才赋予它丰富的意义。通过模仿、暗示、耳提面命，甚至那种更间接无意识的教学，儿童学会了评估和看待赤裸裸的物理刺激，通过社会环境，在短短的几年之内，他就扼要重述了人类花费了几百年漫长的时间才完成的进步。

教育实践揭示出一种不知不觉地适应流行心理学并且非常合拍的状态，两者产生于相同的土壤。正是由于心理被假定依靠直接与世界接触才得以充实，所以，教育的所有需要均可得到满足，只要将儿童心理直接与各式各样的外部事实产生关联,这就是贴着地理、算术、语法等标签的科目。人们忽视了单单由过去社会生活选择的事实分类;同样也忽略了它们乃是产生于社会情境并且代表解决社会需要的应对之策。无论是在教材中还是对儿童产生的内在魅力中都找不到社会因素;它完全被边缘化虚无化,只存在于教师身上,在教育者使用的鼓励、提醒、驱策、方法中,在那本身偶尔闪现一丝社会性微光、能够使儿童用心学习的教材中。人们忘记了最大的感染力,儿童生活的全部意义,只有当学科不是赤裸裸的外来学科,而是从它们与社会生活的关系的立场来引荐时才能够得到保证。忘记了学科必须理解吸收,成为儿童行为和性格的整体部分,使它们不能仅仅是知识的碎片,而是作为他当下需要与目标的有机部分,其社会性反之亦然。

其次,旧的心理学是知识心理学,智力心理学。情绪和努力只占据附带和派生的地位。关于感觉论述甚多——至于运动则无人问津。过去有人讨论观念,讨论它们是否起源于感觉或与生俱来的心理官能,但是它们的根源在于和来自行动的需要的可能性却被忽视了。它们对品行、行为的影响被看作是一种外部的附属品。现在我们相信(用詹姆士先生的话说),智力、感觉和观念的领域只是"中间部门,有时我们将其视为终端部分,在可能充满这个中间部门的、在时间长度和复杂性上千差万别的深思熟虑当中,我们没有看见它只能有一个基本职能——为我们眼下或长远的活动定向的职能。"

在教育实践和心理学理论中间,在这里有一个"前定和谐"①。学校里的知识是各自为政,强调自己实现课程目标。事实、定律、知识成为课程中

---

① "前定和谐",德国哲学家布莱尼茨的重要概念之一。万物由"单子"构成,因而彼此不能互相影响、互相作用。但是宇宙万物却互相协调,构成一个和谐的总体。——译者

稳定不变的内容。教育理论和实践中的论战在两派之间进行：一种人更多地依靠知识中的感觉因素，依靠与事物接触，依靠实物教学，等等；另一种人强调抽象概念，归纳的结果，等等。然而所谓推论，实际上是别人在书本上系统阐述的观点。这两派的人既不打算让意识培训又不打算让逻辑操作与实际生活中的问题与利益接触。如果我们的教育理论支持任何生活的真理，这里就再一回暗示一次教育改革。

第三个对比点在于心理学的现代概念——本质上将心理视为一个过程，一个成长的过程，而不是一成不变的东西。按照从前的观点，心理就是心理，这就是全部问题。心理从始至终都是一样的，因为不论儿童或成人的心理都装备有同类的官能。如果有任何差别的话，那只是有些现成的官能——例如记忆——开始起作用的时间较早，而另一些官能，如判断和推理，只是在儿童经过记忆训练已经变得依赖别人的思想以后才出现。人们承认的唯一重要差别在于数量和总量方面。小孩就是小大人，他的心理就是小心理，除了形体以外，一切与成人相差无几，有着自己已经配置好了的注意、记忆等官能的装备。现在我们相信心理是成长的事情，因此本质上是变化的，在不同的时期呈现出能力和兴趣的特殊情况。从生命的连续性这个意义上来说，所有的一切都是一样的，但是所有一切又不相同，盖因每一时段都有自己特殊的要求和任务。"先长叶，再抽穗，然后结出饱满的谷穗。"

教育与心理学在这一点上的契合，无论怎么说都不算过分。即使是在无意识的状态下，学习课程依然完全受制于一个假设，既然心理以及它的官能在所有方面都是一样的，那么成年人的教材，符合逻辑编排的事实和原理，自然也就是儿童的"学科"——当然内容要简化、程度要浅显，因为剪过毛的羔羊经不住强风。其结果便是在传统的课程中，儿童与成人的心理还是绝对相同，只是说到能力的数量和总量这个问题除外。在整个宇宙的范围内首先被细分开来的部分称之为学科；然后又把这些学科分解成为一些小块，于是某个小块被制定为某一年的课程。认识不清发展的顺序——只要早先的部分比较晚的部分容易点儿就够了。引用杰克曼①先生的一个贴切的例子，借以说明这种课程何其荒谬，"在地理老师看来一定是天公作美，将世界命名为四个或五个洲，因为跟着课程从很远的地方开始依次学下去，非常之容易，也确实看起来很自然，每个学年学习一个洲，然后在八年当中全部学完。"

如果我们再一次认真对待心理是成长的这一观点，心理成长在不同的阶段有不同的典型特征，这就清楚地说明需要教育改革。显然，课程中教材的选择和分类必须有关某一特定时期的主导方向的活动所需要的适当营养来安排，而不是由现成的知识整体切割成的各个部分来安排。

当然，提出像前面所述的一般建议是比较容易的，用这些建议来批评现存的学校状况是容易的，依靠这些建议激励一些不同主张的必要性也是容易的。但是，人生苦短，学海无涯。难的是将这些概念付诸实施——看看在某一特定的时期内什么教材和什么教学法、以何种比例与安排有益可行。行文至此，我们必须再次借助于实验室这一想法。对于这些问题并没有预先的答案。传统教育不能给予答案，因为传统教育是建立在根本不同的心理学之上。仅凭推理也不能给予答案，因为它是一个事实问题。只有靠尝试才能找到这些答案。拒绝尝试，盲目地固守传统，就是拒绝能够给教育带来合理信念的无与伦比的关键一步，因为探索真理意味着在未知领域进行实验。

---

① 杰克曼（W. S. Jackman, 1855—1907），美国教育家。——译者

因此，下面的陈述只是报告一下过去五年当中开始的几个方面的探索。当然，这些结果不能声称自己不是实验性的，除非到了更明确地意识到问题所在的程度，为将来更明智的行动扫清道路是一个决定性的进步。还应当说明一下，实际上在很多种情况下，直到现在它还不可能充分地按照已有的最佳见解去行动，这是由于管理上的困难，由于缺乏资金——困难集中在缺乏适当的校舍和用具，无力支付必需数量的经费以确保获得某些重要方面的全日制教师。诚然，随着在校学生人数、年龄、成熟程度上的增长，在没有更充足设施的情况下，这项实验进行多长时间才能恰到好处，已经成为一个严重问题。

现在就来说说这个为心理假设而苦苦寻觅的教育答案，从生长的阶段问题切入比较合适。第一阶段（比方说从四岁到八岁的儿童中看到的）的特征是在直接的社会兴趣和个人兴趣，在印象、观念和行动之间的直接性和敏捷性的关系。表现的原动力需要发泄的要求是十分迫切的、刻不容缓的，所以，这个年龄阶段是从参与儿童自己的社会环境中的生活状况选择教材，尽量让他自己重演接近于社会形态的事情——从事游戏、竞赛、工作或微型工艺、讲故事、有画面感的想象力和交谈。首先，材料应该差不多是离儿童本身最近的方面，诸如家庭生活和街坊邻居的背景环境；然后过渡到稍微更遥远的事情，社会职业（尤其是涉及与城乡生活互相依赖的事情），然后扩展到与他们有关联的特殊职业和社会形态的历史沿革。材料不必以功课、以教材的形式呈现，而是通过他自己的各种活动，在编织、烹饪、车间工作、模型制作、戏剧表演、交谈、讨论、讲故事等等情境里面，把知识学问带入到儿童自己的经验之中。这些东西反过来又是直接的力量。它们是原动力的形态或表达性的活动。它们受到重视，所以在学校课程表中占主导地位，以便保持作为这一时期儿童生活特征的知与行之间的密切联系。既然这样，我们的目的就是不让儿童到一个与世隔绝的地方去上学，而是在校内扼要重演他典型阶段的校外经验，使之扩大、丰富并且逐步系统化。

在第二个时期，年龄从八九岁延展至十一二岁，目标是认识在儿童身上发生的变化并且做出反应，该变化是儿童对于更持久更客观结果的可能性，对于为达到这种结果所必需的技能而对各种力量进行控制的必要性的日益增长的意识。当儿童认识到明确永恒的目的，观之富有魅力并自带光芒，以前模糊而非固定的一贯性生活则土崩瓦解。纯粹的游戏活动不再令人直接感到开心满足。他心中升腾起人生必须要有所建树的感觉——逐渐达到一个明确的和永久的结果。因此就有了对行动规律的认识——这就是说，适合达到永久结果的常规手段的认识——就有了对掌握特殊制作方法以便运用技巧的价值的认识。

因此，在教育方面，关于教材的问题是要区分进入颇具特点典型阶段的一贯模糊的经验，应当这样选择教材，明白无误地昭示人类驾驭特殊媒介和思想方法以及实现最高目的之行动的重要意义。教学方法方面的问题是一个类似的问题：引导儿童认识自身内部相似发展的必要性——为他自己确保对于工作方法和探究的实际和理智的控制的必要性，使其能够自己实现理想成绩。

在更为直接的社会方面，美国史（尤其是殖民时期的历史）被选来提供一个典型的范例，彰显忍耐、勇气、独创性，即使面对巨大的危险和障碍，不断地审查面向目标的修改手段。同时材料本身非常明确、生动和充满人性，直接进入孩子的代表性和建设性想象力的范围，这样至少可以想象别人的苦乐而产生共鸣，成为他自己不断膨胀的意识的一部分。既然目标不是

"大包大揽",只是定位在用来确保社会结果的社会互动的知识,所以就没有打算按照年代顺序温习一遍美国通史。我们只是采撷了一些有代表性的范例:芝加哥和西北部密西西比河山谷;弗吉尼亚、纽约、新英格兰的清教徒和新教徒移民。目标旨在呈现多样性的气候和当地的环境,展示千奇百怪的阻力和人们找到的救助方法,还有五花八门的历史传统与风俗习惯以及不同民族的心意。

这种方法涉及介绍大量细节,有关周围环境、工具、衣服、家用器皿、食物、每天的生活方式,所有这一切的细枝末节,这样儿童能够再现原样的物质材料,而不是纯粹看作是历史知识。用这种方法,社会过程与结果恍如真实情况。此外,由于对社会生活的研究,早期的特点,针对孩子社会生活的个人和戏剧性的认同,现在又接着出现了一个知性认同——儿童把自己放在必须遭遇问题和重新发现问题的立场,尽可能找到解决问题的方法。

一般的观点——使方法适合于目的——也支配着科学工作。为方便起见,这个工作可以分为两个方面看待——地理的和实验的。因为如前所述,历史作业要靠对自然环境的正确认识,一如提供资源与呈现迫切的问题,要高度重视自然地理、山岳、河流、平原以及自然界的运行和交换,各殖民地的植物群和动物群。这一切须与野外修学旅行结合起来,旨在让儿童从观察中尽可能地提供建设性想象的资料,以期在重现更远环境时加以运用。

实验的方面是致力于研究能够产生对人类有价值的结果的方法。儿童早期的活动是直接生产性的,不具研究性质。他的实验是积极工作的模式——几乎就像他在游戏和竞赛时一样投入。过后他就尝试着怎样发现处理各种不同的材料和力量以期达到一定的结果。这样就与科学意义上的实验作业——如适合于第二阶段的那种实验——目标是发现事实和查证原理,清楚地区分开来。因为实际利益占主导地位，它是一种应用科学的研究而不是纯科学。例如，我们发现在殖民地生活中有重大意义的制作方法纷纷入选——漂白、染色、肥皂和蜡烛制造、锡镴碟盘加工、苹果酒和醋的酿造，一直到某些化学行当，如油、油脂、初级冶金术的研究。"物理"同样是以应用的角度开始。曾经做过一次利用能量并且将其传送到纺轮和织机上的研究。还进行过日常生活中机械原理的研究——锁具、天平，等等，后面继续研究电器和器具——电铃、电报，等等。

在其他方面的工作中也强调方法与目的的关系。在艺术领域，注重透视、空间和质量的比例、平衡、颜色的调和与对比等实际问题。在烹饪方面，研究食物成分的原理，以及各种佐料作用于这些元素的效果，使儿童尽量推演出他们自己的规则。在缝纫课上，推出裁剪、试穿的方法（用于洋娃娃的服饰），以后，学习一系列的技术针法，等等。

显然，随着工作和兴趣涉及的方面日益增长的分化，各门学科有了更大的个性化和独立性，这时必须特别注意在两个方面保持平衡：一方面是过度的分割和彼此隔离；另一方面是大量杂乱无章、不够上心的课题，对其中任何一个都没有足够的强调和突出的特点。第一个原则使工作变得很机械、拘泥于形式，使其与儿童的生活经验分离，与行为的有效影响分离。第二个原则使工作成为散乱的、模糊的，造成儿童不能明确地掌控自己的能力，或对目的没有清晰的意识。或许只是在今年，方法与目的的自觉关系这条特殊原则才成为这个时期的统一原则；人们希望在各方面的工作中强调这一点对于儿童的发展将会产生决定性的逐渐增加和统一的效果。

直到现在，还一字未提扩大和控制经验最重要的媒介和工具之一——社会的主宰或约定俗成的符号——语言符号，包括数量的符号。这些工具的重要性功可盖世，传统的或儿童教育的基础读、写、算课程以它们为基础——小学前四年或五年从百分之六十至八十的时间悉数奉献给这些符号，这一较小的数字只代表精选学校而不是一般学校。

在双重意义上来讲，这些学科是社会性的。它们代表一种工具，这是社会在过去漫长的岁月中缓慢研发出来作为它智力追求的手段。它们代表开启儿童社会资本财富的钥匙，这些财富深藏于超越儿童可能的有限经历之外。然而，这两个观点必然永远赋予这些艺术在教育中极为重要的地位，同时它们也要求在介绍和利用这些艺术时应当遵守一定的条件。在大规模和直接应用这些学科时没有考虑到这些情况。当前与读、写、算有关的主要问题是认清这些条件，而且使工作适合这些条件。

这些条件可归纳成两方面：（1）儿童在他自己亲身的生动的经验中需要有一个接触和熟悉社会与自然的实际情况的各种背景。此举颇有必要，以防止符号成为现实世界的一个纯粹二手和约定俗成的替代品。（2）必须使儿童有更多平常的、直接的和亲身的经验，从经验中提供问题、动机和兴趣，为达到解决、满足和追求之目的，就不得不求助于书籍。不然的话，儿童接近书本时断无心智渴望，并且缺失机敏，缺乏质疑的态度，其结果不外乎一个如此悲惨的通病：对书本如此卑躬屈膝地依赖，势必弱化思维和探询的活力，有幸读书也不过是为了胡乱寻求刺激的嗜好、情感的放纵，进而从现实世界逃之夭夭。

于是，这里的问题是：（1）给儿童提供大量足够的亲力亲为的活动，如作业、表现、交谈、建造、实验活动，这样他的个性在道德和智力两个层面就不会穷于应付书本上别人推荐的经验，被牵着鼻子走；（2）这样来指导更直接的经验，使儿童感到需要求助于传统的社交工具、掌握传统的社交工具——给他提供动机，让他明智地求助它们，使之增强他的能力，而不是奴性地依赖。当这个问题得到解决时，语言、文学和算术的作业就不会成为机械训练、形式分析的结合体，即使你意识不到，吸引力必然去投合感官的兴趣；再也不会有一丝一毫的理由去担心书本以及所有和书本有关的占据它们应有的地位。

无须赘言，问题尚未解决。人们共同抱怨的是儿童为列入课程中的更新学科牺牲了在传统的学科中取得的进步，这就充分证明了丝毫不差的平衡没有达成。本校迄今为止的经验即使不具有示范性，至少也能指出下列几种可能的结果。（1）更直接的活动方式、建造性工作和练习作业、科学观察、实验，等等，为读、写（和拼音）、算的必要运用奉献了大量的机会和机遇。既然这样，不要把这些事情说成是互相隔绝的学科，而是作为儿童经验的有机成果加以介绍。问题是要以系统的、渐进的方式利用这些机遇。（2）这些学科以这种方式确保附加的活力和意义，使通常投入的学习时间大为缩减成为可能。（3）无论是在阅读、计算或作文当中，最后对符号的利用是增加了理智减少了机械性；增加了积极性，减少了被动接受；多的是增长才干，少的是单纯享受的模式。

另一方面，不断增长的经验似乎清楚地说明了以下几点：（1）在早年认知和使用符号的教学中，求助儿童的制作能力和创造能力是可能的；在原则上与其他方面的工作也是一样，似乎更为直接，而且有着有限和明确的结果这个优势，儿童可以根据这种结果衡量自己的进步。（2）没有充分考虑这个事实，就会导致这些工作的一些方面出现过分延宕的结果，其效果是，已经达到更高智力水平的儿童会感觉到，早年可以成为能力和创造力形式的东西现在成为令人生厌的任务。（3）在学校奉献给各个学科的教学安排时间表里面，有一个周期性集中和轮流交替的要求——在所有学科当中，需要掌握技术和特殊方法的最好是照此办理。这就是说，并不是所有学科按照教学计划以相同的步伐齐头并进，有时一门学科必须放在最前面，其他的学科降格至幕后，直到儿童成长到那一刻，他认识到自己已经具有一定的能力或技巧，此时可以走到前面并且独当一面。

初等教育的第三个时期与中等教育接壤。当儿童对现实的各种形态和各种活动方式有了充分直接的了解时，当他充分地掌握了各种方法、思维、探究和活动的工具，可适应经验的各个方面，为了技术和智力对有特色的学科和艺术进行专门研究的时候，这个时期就到来了。然而，该校有一批属于这个时期的儿童，当然，学校的历史还称不上悠久，足以得出任何有把握的典型结论。但是，我们似乎有理由希望，凭借从过去五年经验中得到的对困难、需要和资源的认识，儿童能够被引入、通过这个时期而不至于牺牲完整性、智力训练或对专门学习工具的掌握，并且，赢得一个积极扩大的生活圈，生活有了更加广阔、更加自由、更加开放的视野。

五、福禄培尔的教育原理

芝加哥大学初等学校的传统之一源于在办校之初要求参观幼稚园的一位来访者。当被告知该校尚未建立幼稚园,她又问学校是否有唱歌、绘画、手工训练、游戏、戏剧表演,以及是否注意到儿童的社会关系。当她的问题得到肯定的答复时,她既扬扬得意又愤愤不平,她说那正是她理解的幼稚园,还说,她不明白这个学校没有幼稚园是什么意思。她说的话如果措辞显得语无伦次,在精神上或许是自有一番道理。无论如何,它意味着在某种意义上,该校在整个办学过程中——包括现在四岁到十三岁的儿童——实施或许由福禄培尔首先自觉提出的某些原理。总的来说,这些原理是:

1. 学校的要务是在合作与互助的生活中培养儿童,在他们身上助长互相依存的自觉性;实际上是帮助他们调整自己,把这种精神贯彻到公开的行动中去。

2. 一切教育活动的根本在于儿童本能的、冲动的态度和各种活动,而不是外部资料的呈现与应用,不管是通过别人的观点还是通过自己的感官;因此,无数儿童自发的活动、游戏、竞赛、模仿的努力,甚至婴儿明显的没有意义的动作——从前被忽视的微不足道、徒劳的表现,或甚至被人谴责为明显有害的举止——都可能具有教育上的作用,不但如此,还是教育方法的基石。

3. 将这些个人的倾向和活动加以组织和指导,是通过在保持上述合作生活中运用这些个人因素;利用它们在儿童的水平上再现他最终进入的那个更大更成熟社会的典型的行动和作业;正是通过制作和创造性的运用才能确保和获得宝贵的知识。

只要这些表述确切地阐明了福禄培尔的教育哲学,就应当把实验学校看作是这种哲学的代表。目前正在试图将运用于十二岁儿童的这些教义,以同样的信心和真诚运用于四岁的儿童。然而,企图假定把称之为幼稚园态度的东西推广到全校,必须把更专业的名称叫作幼稚园时期——即对年龄在四岁至六岁的儿童所做的作业,应做一定程度的修改。只需要陈述一下理由便足以使人相信,尽管有些修改具有明显的激进性质,但是与福禄培尔的精神相当契合。

关于游戏

游戏断不可视为任何儿童外部活动。更确切地说,它标示出他精神态度的完整性与统一性。游戏是自由玩耍、相互作用,儿童所有能力、思维和以思想感情的具体化、令人满意的形式、自己的印象和兴趣进行的身体运动。从消极方面来说,它是摆脱了经济压力的自由——谋生和供养他人的必要性——摆脱了属于成年人特殊职业的固定责任。从积极方面来说,它意味着儿童的最高目标是茁壮成长——充分挖掘他崭露头角的能力,引导他从一个水平上升到另一个水平。

这是一个非常笼统的表述，从它的一般性来看，太过模糊而没有实际意义。然而，它在细节、应用方面的意义引发了一种可能性，在许多方面都有必要对幼稚园的工作程序进行根本性的改革。恕我直言，事实是"游戏"说明儿童的心理态度，而不是指他的外部表现，它意味着完全从"必要性"中解放出来，摆脱了遵循某种既定的或规定的制度，或是能力、竞赛、工作的顺序。明智的教师一定会从福禄培尔（在他的《母育游戏》中和其他地方）提到的活动中、或由他的弟子明白解释的详尽活动中寻找启示；但是，她要记住，游戏的原理要求她对这些东西进行仔细的研究和批评，并且决定这些活动是不是真正适合她自己的孩子，或者对生活在不同社会环境中的儿童而言，这在过去是否是极其重要的正当事情。只要作业、游戏等不过是将福禄培尔和他早期的追随者的实践活动变成永恒不变的东西，就可以这样说，在许多方面推论与之相左——这个推论就是，如果崇拜福禄培尔所讨论的外部活动，我们就不再是忠于福氏原理的拥趸派。

教师必须有绝对的自由，可以从任何来源、从一切来源获得启示，她只需要向自己问两个问题：这个策划的游戏模式是儿童自己喜欢的吗？它是否植根于儿童自己的本能，是否能够促使儿童力图表现自己的能力、趋向成熟？再者：这个策划的活动激发的这些冲动的表现，是否足以提携儿童的自觉性和行动迈向更高水平，而不仅仅是引起他的兴奋，然后又让他一如既往，接着为将来更多的刺激增加一定量的脑力虚脱和渴望？

一切证据都足以说明，福禄培尔精心地研究了——我们现在可以说是先导性地研究了——他那个年代的儿童游戏和母亲们与她们的婴儿玩耍的游戏。他也曾费尽心思地指出——例如在他的《母育游戏》中——包括了一些重大原理。他必须让他同时代的人们认识到这个事实，不能因为这些游戏是儿童玩的，就认为它们是微不足道、幼稚可笑的，它们是儿童成长的重要因素。但是我看不到有一丝一毫的证据说明福氏认为就是这些游戏，只有这些游戏有意义，或者是他的哲学注解有任何超越暗示的动机。正好相反，我相信他希望他的追随者通过继续他自己的当代状况与活动研究来展现他们的不离不弃，而不是照本宣科地照搬他收集的游戏。除此之外，几乎不可能的是，福禄培尔本人坚持认为，在他对这些游戏的诠释中除了利用他那个时代所能够得到的最优秀的心理学和哲学的洞察力以外，他还能有更多的作为。也许我们还可以设想，他一定是第一个欢迎一种更完善更广博的心理学的人（无论是普通心理学、实验心理学或儿童研究），他会利用这种心理学的成果重新解释活动，以更富有批评性的态度讨论这些活动，从新的立场去探究使这些活动具有教育价值的原因。

象征主义

我们必须记住，福禄培尔的象征主义有许多是他自己生活和工作的两个特殊条件的产物。首先，由于那个时代关于儿童生长的生理学和心理学的事实和原理认识不足，他常常不得不求助于对游戏等的价值做出牵强附会和矫揉造作的解释。对于不偏不倚的旁观者来说，显而易见的是，福氏的许多解释是笨拙的、牵强附会的，对于如今可以用简单、平常的道理解释的事情，他给出抽象的哲学说明。其次，德国的一般政治和社会环境不允许想象幼稚园的自由、合作的社会生活与外部世界生活之间的连续性。因此，他未能将教育中的"作业"看作是社区生活中的伦理原则的原原本本的再现——后者经常是太受限制、过于权威，难以成为合适的典范。

根据惯性思维，他不得不把它们看作抽象的伦理——哲学原理的象征。与福氏时代德国的社会环境相比，现在的美国在这些方面当然是变化加速，进步喜人，足以证明有理由可以使幼稚园的活动较之福氏门徒当年所为更加自然、更加直接、更加真实地表现当今的生活。尽管如此，福禄培尔的哲学和德国的政治理想之间的鸿沟使德国当局怀疑幼稚园，并且毫无疑问地迫使福禄培尔对幼稚园简单明了的社会意义做复杂难解的机智的阐释。

想象与游戏

过分重视象征主义，势必影响到对待想象的心理。幼童生活在想象的世界里，这是天经地义的事情。从某种意义上来说，他只能"假装"。他的活动代表或象征他所看到的在他周围进行的生活。因为它们是如此具有代表性，可以被称之为象征性，但是必须记住，这种"假装"或象征主义与暗示的活动有关。除非它们对儿童是真实的、确切的，如同成年人的活动对他一样，不可避免的结果就是人为的，神经紧张的，它不是躯体上和感情上的极度兴奋，便是活力的减弱。

在幼稚园里存在着一种奇异的、不可理解的倾向，这种倾向假定，因为活动的价值在于它对儿童的象征意义，因此所用的材料必须尽可能是人造的，必须谨慎地避免对儿童来讲是真实的事物和真实的行为。于是，就有人听说进行园艺活动时抛撒沙粒当种子，儿童用假装的扫帚和抹布给假装的房间打扫卫生，在房间的桌面摆放的不过是纸剪的餐具（甚至这些餐具也是按照几何图形而不是按照真正的碟盘剪的），以替代儿童在幼稚园以外玩耍的玩具茶具。洋娃娃、玩具火车头、客车车厢等都被视为真实得太过粗俗而禁止使用——因为不能够培养儿童的想象力。

所有这一切肯定是纯属迷信。儿童头脑中想象力的运用来源于他收集的自己使用的物件所引起的一连串暗示、回忆和期待。这些物件愈是自然、简单易懂，就有更为确切的基础，唤起并凝聚所有的相关暗示，使他想象力的运用真正具有代表性。儿童所做的烹调、洗盘子、打扫卫生等等，他们做这些事情不再会是更单调平凡或功利主义，对于他们来说，就像玩五个骑士那样。对儿童来说，这些作业在他们的年长者所关心的事物之外又赋予了一种神秘价值的意义。因此，只要机会允许，材料必须尽可能是"真实的"、直接和简单易懂的。

但是，这一原理并没有止步于此——象征性的现实必须要在儿童理解的范围之内。人们有时候会想，形而上学和心灵法则愈是到了遥不可及的程度，想象的运用就愈发有用。在绝大多数情况下，可以肯定地说，这是成年人在欺骗自己。他明白真实与象征，因此谙熟两者之间的关系。但是，因为阐述的真理和现实远超儿童的理解力，设想的象征对儿童而言象征意义荡然无存。它不过是因为自己的理由而存在的确定事物。实际上，他从想象力中获得的一切是它自己物质的和感觉的意义，经常加上他知道老师是期待他巧舌如簧的口才和招人喜欢的态度——无论如何，得不到任何旗鼓相当的心灵智慧。当我们认为我们正在用象征的手法教授精神上的真理时，我们经常传授伪善，逐渐灌输感情主义，培养激情主义。所以，儿童翻版的现实应当尽可能地具有相似的、直接的和真实的性质。主要是这个原因，实验学校幼稚园的工作完全是以重演家庭和邻里的生活为中心。说到这里就把我们带入教材问题。

教材

布置房间、家具、锅碗瓢盆的家庭生活和家庭里进行的作业结合在一起，由此就提供了与儿童有着直接真正的关系和他自然地倾向于以想象的形式再现出来的教材。给儿童提供丰富的精神食粮，也就足以充满了伦理关系和道德义务的暗示。与许多幼稚园的课程计划相比，这个计划显得平庸守常，但是它可能遭到质疑，在这个受到限制的教材里是否还有某些建设性的优势。如果推而广之（譬如，作业涵盖工业社会、军队、教会、国家，等等），作业就会成为超越象征性的倾向。这个教材的大部分内容超出四岁至五岁幼童的经验和能力，实际上他从中得到的一切都是物质上和情绪上的反射——他对教材本身没有任何真正透彻的理解。此外，在这些雄心勃勃的课程计划中，还存在着对儿童自己的理智态度产生不利的反作用的危险。由于把天地宇宙无所不包地囊括在纯粹假装的模式中，久而久之，他就觉得腻味，把直接经验那种简单事物的自然饥渴消费一空，以一种他已经了然于胸的态度对待小学一年级的教材。儿童生活的往后岁月应该享有其自己的权利，而那些肤浅的、只不过是诉诸感情的抢先学习很可能对儿童造成严重的伤害。

此外，还有一种被人诱导的危险，就是在心理上养成从一个题目快速跳跃到另一个题目的习惯。幼童有相当多的某种类型的耐心和持久力。儿童喜爱新奇的事物和七七八八的多样性，这的确不错；但对于不能引领他进入新领域，又找不到探索的新路径的活动，他很快就会感到厌倦。然而，我并不是替单调划一辩解。在家庭里面，有足够的多样性存在于各种活动、家具及日用设备和工具之中，儿童耳濡目染，慢慢给予持续的多样性。它在这一点或那一点上触及公民和工业生活，如果想要，只要不会超越主题的统一性，这些事业都可以引进。这样一来，就有机会培养以注意力和一切智力成长为基础的意识——连续性的意识。

这种连续性经常受到干扰，从中作梗者反而是欲保连续性的特定方法。从儿童的立场来看，统一性存在于教材之中——以现在的情形来看，存在于事实当中，即他每天应对的一件事：家庭生活。强调是连续不断地从这种生活的一个侧面转向另一个侧面；一个作业接着到另一个作业，一件家具接着到另外一件家具，一种关联到另一种关联，如此等等；但是它们都隶属于同一种生活模式，虽然时而突出这一特点，时而突出那一特点。儿童自始至终是"在一个整体内"进行工作，从不同的侧面表现它的透明度、确定性，使它们相互紧密联系起来。当主题林林总总的时候，则很容易单纯从形式上去追求连续性，也就是说，用顺序的方案，譬如"学校工作日志"，附有每个主题的严格发展计划，还有"每日计划"，只要按照规定学校工作就不会偏离正题。一般来讲，这样的顺序纯粹是理智行为，因而只有教师才能领会，完全忽视了儿童的头脑。所以，制订一年、一学期、一个月、一个星期的计划应该以那一个时段估计能讲完多少共同主题为基础，不能以理智或伦理原则为基础。这样做既有确定性，又留有伸缩的余地。

方法

当然，低年级的特殊问题是要抓住儿童的自然冲动和本能，利用它们将儿童的理解力和判断力提升到更高水平，使之养成更有效率的习惯；这样他能够增强和深化自觉性，对行为能力的控制力得以增长。无论在哪里，如果达不到这种结果，游戏就会流于单纯的娱乐形式，而不能导致教育意义的成长。

从整体上来看，建造性或"百年树人"的工作（当然，可以适当轮替着讲故事、唱歌和做游戏，在必要的时候，把这些理念贯穿到建造性工作中）似乎比任何其他事情更能保证这样两个因素——以儿童自己的冲动为起点，以达到最高水平为目的。它使儿童接触多种多样的材料：木料、洋铁、皮革、纱线等；它用真实的方法利用这些材料提供动机，而不是通过一个远离尘世的象征意义，毫无意义的各种练习；它将调用发挥感官的灵敏度和观察的敏锐性；它要求所要达到的目的有明晰的意象；它要求制订计划要有独创性和发明的才能；执行计划时务必聚精会神，不忘个人责任心；而结果应该是真实可感的明确形式，引导儿童评判自己的工作，改进他的标准。

应该说一下与幼稚园工作有关的模仿和暗示心理学。毫无疑问，幼童具有高度的模仿性并且易于接受暗示；毋庸置疑，他能力单弱而且心智稚嫩，需要通过这些管道不断地充实和加以指教。但是，由于这个缘故，在模仿和暗示的运用，这个外部因素过多的方法完全不合心理学的定义，和通过与儿童活动有机的联系被视为正当运用之间必须分辨清楚。作为一个普遍的原则，任何活动都不应该由模仿开始。起点必须始于儿童本身；然后才可以提供模型和样本，以帮助儿童更明确地想象他真正需要的东西——给他带来感知。模仿的价值不在于在行动中模仿模型，而是作为清晰和充分构想的指南。在实施模仿的时候，除非儿童摆脱它回归自己的意象，否则他就变得奴性十足、依赖成性，得不到发展。模仿的作用是强化和帮助你完成工作，而不是去创造。

认为儿童自觉地在哪个方面表示一种需要之前，教师不应当向他做任何暗示，这是没有根据的。一位具有同情心的老师很可能比孩子更清楚地知道他自己的本能是什么，他的本能在想什么。但是，暗示必须适合儿童内在生长的主要方式；对于儿童盲目地拼命尝试的事情，它必须绝对地给予激励，以期产生更加充分的结果。只有通过观察儿童，看看他对暗示的态度，我们才可以识别暗示是否在作为促进儿童生长的因素在起作用，还是妨害正常生长的外来的、任意的强迫负担。

这同一原理运用于所谓的命令的工作甚至可以更为有力。让儿童独享自己无人引领的幻想和爱好，或者是以一系列正规指令性指示控制他的活动，认为这两者之间没有中项，这一看法真的是荒谬绝伦。正如刚才所暗示的那样，教师的职责是要知晓在儿童发展的某一特定时期，什么力量在努力争取发言，什么活动能够释放欲求，有助于表达心声，以便接下来提供必要的刺激和不可或缺的材料。例如，玩具小屋的暗示、来自屋内陈设物件的暗示、观看其他儿童工作的暗示，就足以明确指导五岁正常儿童的活动。模仿和暗示自然而然地、无法规避地在起作用，但只是作为一种工具帮助他实现自己的愿望和理念。它们的作用是带入意识，让他领悟到什么是他已经一直都在以一种模糊、混乱，因而是无效的方式为之奋斗的东西。从心理学的观点来看，可以有把握地说，当一个教师不得不依赖于一系列指令性指示时，这恰恰是因为儿童对于他要做何事、为何而做没有自己的意象。所以，依靠遵守指令，他非但没有获得控制能力，实际上是失去掌控——造成依赖一个外来的根源。

总而言之，可以指出，这种题材和方法与六岁儿童（相当于小学一年级）的功课直接相关。重现家庭生活的游戏自然而然地过渡到一个更为广阔、更加认真的学习，这就是家庭所依赖的更广大的社会职业；与此同时，对儿童自己计划和执行能力的要求在不断增长，将其带入对于更加显著的智力话题具有更加有效的注意控制力。切莫忘记，为保证"幼稚园"和"一年级"之间工作的连续性所需的调整不能完全由后者一方说了算。学校的改革必须像儿童的生长那样是渐进的、难以察觉的。除非小学前的衔接工作放弃使之孤立的一切做法，热情地欢迎所有能够与儿童能力的充分发展同步的材料和资源，而且这样让他总是为下一步必须完成的工作蓄势待发，做好准备，否则，要想做到这一点是不可能的。

六、作业心理学

说到作业并非叫儿童坐在桌前,给予他任何一种"忙碌的工作"或练习,为的是让他不能够调皮捣蛋或无所事事。关于作业我是指就儿童而言的一种活动模式,可复现社会生活中进行的一些工作形态。在大学初等学校,通过使用木料和工具的车间工作,通过烹饪、缝纫以及随文提到的纺织工作来呈现作业。

作业心理学的基本点是在经验的智力方面与实践方面保持平衡。作为一种作业,它是积极的或机动的;通过人体的器官——两只眼、一双手等找到表达方式。但是它又包含对材料的不断观察,不断制订计划和反省,以便将实践和执行的东西成功地进行下去。所以,这样理解的作业必须和主要是为了培养一种职业的工作仔细地加以区别。它之所以不同,因为它以自身为目的;在于来自观念的不断相互影响以及在行动中体现的成长,而不是在外部的实利。

这种类型的工作也可能在非职业学校中进行,这样一来就使全部重点落到手工和身体方面。在这种情况下,这种工作就降低为单纯的例行公事或惯例,丧失了它的教育价值。以手工课为例,掌握一定的工具,生产一定的物件成为主要目的，如果在可能的情况下，不能给予儿童理智的责任心去选择最合适的材料和器具，如果不给他机会想出他自己的工作方式和计划，如果不去引导他发现自己的错误并且找到纠正的方法——当然，这要在他的能力范围之内，无论在何处，这是一种不可避免的趋势。只要着眼于外部结果，而不管包含在达到效果过程中的心理和道德状态和成长，这种工作可称之为手工劳动，但是不能名正言顺地冠予作业之名。当然，一切不过是习惯、例行公事或惯例的这种倾向导致了无意识和机械性的结果。作业的倾向则是要把最大限度的自觉性落实到任何经手的工作之中。

这使得我们有可能对两个重点加以解释：（1）与纺织工作有关的个人的实验、计划和重复发明；（2）它与历史发展的对应点。前者要求儿童在每一个点都要才思敏捷，为了能够准确地完成外部工作。后者丰富和深化通过由它概括的社会生活所暗示的价值观而履行的工作。

这样深思熟虑的作业，为感官训练和思维训练两方面都提供了理想的机会。观察的普通课程计划是训练感官，其弱点是除了课程本身以外就没有出路，因此必要的学习动机几乎为零。话说回来，在个人和人类的自然生活中总是有察言观色的理由。人总是有些欲求，怀揣心想事成的目的，这一动机使其眼观六路，耳听八方，伺机发现和辨别任何相助之物或机会。正常的感觉在指引欲善其事的活动中其作用相当于线索、助手和兴奋剂；它们本身不是目的。离开了真实的需要和动机，感官训练就成为纯粹的体操训练，其观察获得感很容易沦为几乎无异于窍门和戏法的噱头，或者纯粹是对感官的刺激。

这一原理可应用于正常思维。它也不是因自身而出现，不是以自身为目的。它的产生源于对付某种困难的需要，源于思考克服困难的最好方法，如此便引导在思想上计划、设计想要的结果，确定必要的步骤以及程序。这种具体的行动逻辑远远早于纯思辨的逻辑或抽象的探究，通过它形成的智力习惯，这种具体的行动逻辑是后者的最好准备。

作业心理学阐明了另一个教育上的论点，善莫大焉，这就是兴趣在学校工作中的地位。反对在学校工作中给予儿童兴趣以任何重要和积极的地位的理由是，在这样的基础上进行正确的选择是不可能的。据说，儿童有各种各样的兴趣，好的，坏的和不好不坏的。有必要决定哪些是真正重要的兴趣，哪些是微不足道的兴趣；哪些是有益的，哪些是有害的；哪些是昙花一现或标志着一时的兴奋，哪些是持久的、影响深远的。似乎我们必须超越兴趣方能得到运用兴趣的任何基础。

现在，儿童对于作业工作具有强烈的兴趣，这是无可置疑的。只要看一眼进行此项工作的任何学校，就会给这个事实提供足够的证据。在校外，大部分儿童游戏都不过是或多或少重现社会职业的缩影和危险的尝试。有确定的理由使人相信，随着这些作业开始出现的兴趣类型是完全健康、永久以及真正有教育意义的格调；通过赋予作业更加重要的地位，我们应该确保一种美妙的、或许是特别上乘的方式，去恳求儿童天然产生的兴趣，但是，与此同时，也要立下担保，我们并不是在操作全然给人赏心悦目、刺激兴奋或电光朝露的东西。

首先，每一项兴趣都产生于某些本能，或者一些最后反过来基于原始本能产生的习惯。这并不是说由此推断出所有的本能都有同等价值，或者说我们不要为了有益于生活，去继承很多本能，免得因为不满意而需要改造。但是这些在作业中找到它们意识出口和表达方式的本能一定是一种极度重要和永久的类型。生命的活动形成必要的态势，务必要把自然界的材料和力量置于我们目的的管控之下，使其为生活的目的做贡献。为了生存，人必须工作。在工作当中，通过工作的过程，他们已经征服了自然，保护和丰富了他们自己的生活条件，他们已经被唤醒，意识到自己的力量——被引导去发明创造、去规划生活并且为获得技能而扬扬自得。以一种粗略的方式，所有的作业可以分为收集关于人与世界的基本关系，人在世上要通过获取食物而维持生命；要确保衣裳服饰和栖身之所以避险护身并装饰美化；走到这一步，就要最后提供一座永久性的家庭住所，所有品味更高、心灵更加升华的兴趣可在此集中。假设并非不合理，就是说有历史底蕴的兴趣必定是有价值的那一种兴趣。

然而，当这些兴趣在儿童身上发展起来的时候，它们不仅扼要重述家族过去重要的活动，而且重现儿童现在环境中的活动。他继续目睹长辈们从事这种传承。他每天不得不应对琐碎事情，这些正是作业带来的结果。他开始接触除了与兴趣有关以外，没有意义的事实。从现代社会生活中把这些东西剥离出来，一看能够留存的东西真是所剩无几——这不仅是在物质方面，而且是在有关智力的、美学的以及道德的活动，因为这些在很大程度上必然地与作业有关。所以，儿童在这方面本能的兴趣是通过他看见、感觉、听闻在他身边所发生的事情不断地得到加强。各种暗示轻车熟路源源不断地找上门来；他的动机被唤醒；个人的活动能力被激励。另外，兴趣在众多方面能够这样长时间地有触碰感，这样的兴趣属于有价值和经久不衰的那一种类型。

第三，反对派其中一个论点是，教育中的兴趣原理有瓦解精神系统的倾向，通过这种方法或那种方法持续地撩拨激发儿童，破坏连续性和彻底性。但是，一种作业（像这样顺便报告的纺织作业）是一种必要的连续性营生。它不仅要持续数天工夫，而且需要经年累月才行。它不是代表一种孤立的和肤浅的能力激发，而是沿着确定总方针的路线的一种坚定的、持续的力量组织。当然，其他形式的作业也是同样如此，譬如使用工具的车间工作或者是烹饪。作业将大量各式各样的冲动进行关节连接，组成一副严丝合缝、有坚固脊柱的骨骼，不然的话，就变成互不关联、间歇式冲动的状态。有充分理由可以怀疑，是否可以完全取消某些类似这样正规的、进步的活动模式，不许扩展成为整个学校工作的核心，是否还能够长期保证在学校工作中赋予"兴趣"原理以任何重要地位。

七、注意力的发展

　　学前部门或幼稚园部门正在研究教育问题，动机源自试图把幼稚园工作与小学紧密衔接起来，重新适应传统的教材和教法，以满足现代社会环境和我们现在的生理学、心理学知识接轨。对这项工作的详细陈述将在以后发表。

　　幼童自有他们一套主要针对人的观察和思考：他们做什么、表现如何、从事何种职业、有何工作成果。幼童的兴趣是一种个人的，而不是客观的、理智的那一种。它智商的对等物是故事的形式；不是任务，不是意识层面确定的目标，或者是问题——它意味着通过故事的形式，集合各式各样的人、事和事件，通过一个利用感情的共同理念，而不是外表的关系和捏造的故事。他们的心智追求完整的故事，有跌宕起伏的情节插曲，生龙活虎的活动，而又叙述得有特色看点——必须有胜利、曲折、运用和操作的意味——对他们支持的观念格格不入的节外生枝进行审查。对故事的形式和结构的孤立细节进行分析，既难动人心弦，又无法令人满意。

　　由现行社会性作业提供的材料是经过推算以满足和取悦这种态度。早些年间，儿童已经涉及家庭作业、家庭与家庭之间的联系，以及家庭之外生活的联系。现在他们可以自由地处理典型的社会作业——从儿童以自我为中心的、自我专注的兴趣向前迈出一大步，然而仍旧要应对一些个人的事物和对他有影响的事情。

从教育理论的观点来看，以下各点值得一提：

1. 对自然物体、过程和关系的研究应该以人为背景。在这一年中，要细致入微地观察种子和它们的生长，观察植物、森林、石头、动物以资了解一些构造和习性方面的情况，观察山水、气候以及土地和水系治理的地理环境。教育的问题就是指导儿童的观察能力，培养对于他安身立命的世界之特点具有同情的兴趣，为日后更加专门的研究提供解释性材料，通过在儿童身上占主导地位的自发情绪和思维，为各种各样的事实和观点提供输送媒介。从此它们便与人类生活结合起来。绝对不可将工作的"社会"方面、它与人们活动和他们互相依存的关系、与关于自然事实和力量的"科学"分隔开来——因为人与自然之间的自觉区分是以后思考和抽象的结果，在这里强加于儿童不仅不能保证他完整的精神活力，而且造成他迷惑不解、糊里糊涂。环境总是生活所处的时空样貌，通过生存状态又形成这种人居环境；把它孤立起来，使其成为幼童观察的对象并且由自己评论，这是轻率地对待人性。最后，面对自然那种最初开放和自由的心态完全破灭；自然沦为一堆没有意义的琐碎细节。

在强调"具体"和"个人"的时候，现代教育学理论经常无视这样一个事实：一件个别的物理对象———一块石头、一个橙子、一只猫咪——不是具体的保证；这是一个心理学的问题，无论什么东西作为一个整体受到心性的喜爱，作为一个兴趣和注意自给自足的中心。然而，这种来自肤浅、有些迂腐观点的反映经常会假设对人有重要意义的必需的服饰只能根据直接的人体模型制成,我们不断地看见象征性的一棵树、一朵云、一场雨,这样只会使得伪科学成为可能;这种假设不会产生对自然本身的热爱,把兴趣转换成某些感觉的、感情的伴随之物,最后弄得兴味索然,化为灰烬。甚至还有通过文学作品这个媒介去接近自然的趋势,通过心怀不满的松树的寓言故事去研究松树,如此等等,虽然这种倾向认识到与人交往的需要,但是没有注意到,从人脑到对象有一条更加简单的路径——直接通过生活本身的连接;还有,诗歌与故事,文学的描述,有强化和理想化的一席之地,但没有基石的作用。换言之,需要做的事不是在儿童的大脑与自然之间安装一种连接,而是让已经开通的连接自由有效地发挥作用。

2. 这就立刻提出了若干现实的问题,通常在"相互关系"的名义下进行讨论,研究的各种问题和正在习得的能力之间这样相互作用的问题将会避免浪费和保全智力成长的整体性。从上面采纳的观点来看,这个问题是一个鉴别的问题,而不是一般人理解的相互关系问题。生活的整体性,正如它呈现给儿童的那样,聚拢不同的作业、各种各样的植物、动物、地理状况并且包揽一空,绘画、模型制作、游戏、营造性工作、数字计算都是将整个生活的某些特征引导到精神和情感上得到满足。在今年里,对于读和写重视不够,但是,显而易见,如果欲取得称心如意的效果,可应用同样的原理。社会和题材的连续性起到了组织、互相关联的作用;相互关联不是教师运用教学手段把不互相搭界的东西捆绑在一起。

3. 现在,初等教育中公认的两个要求经常不统一,甚至互相对抗。为了进军未知和遥远的未来,需要以熟悉的、已有的经验做基础,这是普通常识。把儿童的想象力作为一个因素的主张至少已经开始得到承认。问题在于把两股力量合在一起,而不是各自为政。由于得到第一条原理的认可,儿童就经常被迫根据熟悉的事物和理念进行过度训练，同时又给他介绍怪诞的、奇异的不可能的事物，以满足后一条原理的要求。毫不夸张地说，结果是两败俱伤。在虚妄的神话、童话故事，以及心理意象的游戏之间没有特殊的关系。想象力不是一个不能实行的题材的问题，而是在一种通行观念的影响下处理任何题材的一种建设性方式。关键是不要停留在无聊地重复熟悉的东西，在实物教学的伪装下使感官针对他们已经不再陌生的材料，而是通过利用它去增强和理解以前认识不清和非常怪异的情况，使平淡无奇、司空见惯、朴实无华的东西焕发勃勃生机，变得熠熠生辉。这也就是培养想象力。有些作家似乎有此印象，儿童的想象力只有在古代和天涯海角的神话和童话故事里，或者是在编织有关日、月、星辰惊世骇人的虚构传说中找到用武之地；他们甚至为所有"科学"神秘的面纱进行辩护——作为满足儿童心中占上风的想象力的方式。然而，幸运的是，这些东西只是例外，是感情强化，是正常儿童的消遣之物，并不是他的追求。我们大多数人耳熟能详的某某男孩某某女孩让他们的想象力在新潮里、在熟悉的社会关系中以及生活事件中任意发挥——想象父亲、母亲和朋友，想象汽船、机车、绵羊和奶牛，想象农庄和森林，海滨和高山的传奇故事。总而言之，需要做的事情就是提供机会，促使儿童怦然心动，引发与别人交换自己积累的经验、他的知识范围，进行新的观察，同时还要随时校正和扩展，使他的意象不断前进，为的是在新的和扩大的领域明确和真切的认识中找到精神的支点和满足。

　　随着反思性注意的发展，改革儿童教育模式的需要与可能也应运而生。在前面的段落中，我们已经谈论到直接和自发的态度，那是儿童进入七岁之前的标志——他对新经验的要求，还有通过建立意象并且在游戏中表现它们，来完善他不完全经验的欲望。这个态度是一些作家称之为典型的自发注意，或者，按照某些人的说法，非有意注意。

儿童完全专心致志地做正在做的事；要忙着完成的作业全然占据了他的身心，他聚精会神。所以，尽管付出了很大精力，却没有自觉的努力；虽然儿童心无旁骛，几近忘我境界，但是毫无自觉的意向。

随着志趣高远目标意识的发展，加上为达标而需要进行行为指导（在第二项中讨论的问题），我们要过渡到所谓间接的，或是，如同某些作家喜欢说的，自愿注意。结果就是心里描绘的形象，儿童注意他眼前的事物或他当时正在做的事情，因为它有助于保证这个结果。就本身来说，目的和行为可能是互无感觉，或者甚至是互相排斥的。但是，因为它被看作是属于某种合乎需要的或有价值的东西，它便借用了后者的吸引力和控制力。

这就是向"有意注意"的过渡，但仅仅是过渡。只有当儿童心中想要得到困难和问题的结果的时候，他会自己去设法寻找破解之道，这时有意注意就闪亮登场了。在中介阶段（譬如说，从八岁到十一岁或十二岁），当儿童集中注意力于一系列的中介活动，基于他想达到的某些目的，这个目的就是言必行、行必果的事情，或者是要达到的一些有形的结果。问题是一种现实的困难，而不是一个智力问题。但是，随着能力的增长，儿童可以将目的看作是有待获知、发现的东西；能够控制他的行为和意象，使之有助于探究和解决。这就是不折不扣的反思性注意。

在历史课中，存在着从故事到传记的形式、从对出现的问题的讨论到对问题系统说明的变化。论点引发不同观点是大有可能的，经验、反省等赖以实现的问题，往往在历史中出现。但是，利用这种讨论，把疑问和分歧这种麻烦事发展成为确定的问题，让儿童真正感觉到什么是困难，然后让他求助于自己的资源去寻找与论点有关的材料，依靠自己的判断对论点施加影响，或得出解决方案，这是理智方面显著的进步。在科学中也同样如此，从制造和使用照相机的实践态度，到理智地考虑其中涉及的问题——用光的原则、角度的测量，等等，给予摄影实践理论上的指导或说明。

一般说来，这种成长是自然的过程。但是恰当地认识它并且利用它或许是智力教育方面最重大的问题。一个获得了反思性注意能力的人，获得把握困难和问题的能力，到目前为止，在头脑面前说句理性的话，他是受过教育的。他接受了智力的训练——为头脑所有、为头脑所用的能力。缺乏这种能力，心智就会任由风俗习惯和外部暗示来摆布。通过参考一个在通常教育中几乎占压倒优势的错误，有些困难好不容易才得以显示。人们通常假设，可以直接向任何题材给予关注，只要有正当的意愿和意向，失败被视为不愿意和倔强的标志。算术、地理和语法课都放在儿童面前，告诉他去专心听课以便习得知识。但是，除非大脑中存在着一些问题、一些怀疑作为这种注意的基础，不然的话，反思性注意是不可能的。如果教材中充满了内在趣味，就会出现直接的、自发的注意，就目前而言，这是最好的现象，但是仅仅靠它本身尚不能产生思维和内在心理控制的力量。如果教材没有本身自带的吸引力，那么（根据他的气质和训练、学校的先例和期望）教师就会采取两种方法因"材"施教，一是尝试用外来的吸引力包装教材，通过"把课讲得生动有趣"向注意力开出价码并且行贿；要不然就诉诸对抗刺激（低分、留级威胁、放学后留校、个人非难、以各式各样的方式表达不满、喋喋不休地唠叨、继续不断呼唤儿童"要注意"等等）；或者，很可能恩威并用，双管齐下。

但是，（1）像这样获得的注意充其量不过是片面的或对立的；（2）它总是停留在依赖于外在的东西——因此，一旦吸引力戛然而止或者压力减弱，在内心或理智控制方面的作用就微乎其微或者束手无策。(3) 这样的注意总是为了"学问"，譬如，背诵别人可能提出的任何问题的现成答案。诚然，从另一方面说，反思性注意总是涉及判断、推理、慎重；它意味着儿童有着他自己的问题并且主动地忙着去寻找和选择相关材料，用来破解疑难问题，考虑这个材料的意义和关系——它需要何种解决方式。问题是他自己的；因此，对于注意的推动力、兴奋剂也是他自己的；所以，有保障的培养是他自己的——它是训练和控制力的获得；也就是说，一种考虑问题的习惯。

毫不夸张地说，在传统教育中，过于重视给儿童提供现成的材料（书籍、实物教学课、教师的谈话，等等），儿童就这样几乎专门地被要求去履行背诵现成材料的起码责任，以至于只有偶然的机会和动机去发展反思性注意。几乎就没有考虑基本的需要——引导儿童去认识一个他视为自己的问题，这样他就会自己诱导自己去张罗，以便找到它的答案。保证自己提问的条件完全遭到忽视，致使有意注意的概念精髓被彻底地曲解了。它被认为是通过不情愿的努力来衡量的——它是在紧张的条件下被相互排斥的外来的物质所召唤出来的活动，而不是自发的努力。"有意"被当作不愿意和令人不愉快的意思，而不是通过个人兴趣、洞察力和能力的一种自由和自我指导。

八、初等教育中历史教学的目标

如果历史仅仅被看作是过去的记录，就很难看到有任何根据声称历史应该在初等教育的课程表中发挥更大的作用。过去就是过去，逝者可以放心地入土为安。当下有那么多迫切的需要，越过未来门槛的要求又何其多也，故不允许儿童深深地沉迷在如烟往事之中。当历史被认为是社会生活力量和形态的记载，情况就又不一样了。我们拥有的社会生活总是和我们不离不弃，过去与现在的差异对它无关痛痒。不论过去住在这里或者那里都是无关宏旨的小事一桩。尽管如此，它终归是生活；它展示把人们凝聚在一起和促使他们分裂的动机，并且描绘什么是人心所向，什么是感情伤害。无论历史在科学历史学家的眼中会是什么样子，对于教育家而言，历史一定是一个间接社会学——揭示社会发展过程和组织形式的社会研究。现存社会对儿童而言既过于复杂又过于封闭，不宜儿童学习。他找不到进入详细迷宫的线索，又无法居高临下亲睹远近高低的通盘布局。

如果历史教育的目标是使儿童能够了解并欣赏社会生活的价值，在想象中看见支持与让人们互相通力合作的力量，去理解推动历史前进和造成社会倒退的各色人物，在历史陈述中重要的事情是使历史往前进，有生气。历史应当这样陈述，它不是结果和效果的累积，单纯记载发生的事件，而是作为一种强有力的、演绎的东西。动机——即原动力——必须突出。学习历史不是聚积知识，而是要古为今用，运用知识来构建一幅生动图景，展示人们如何与为何要这样做那样做；他们怎样功成名就，如何折戟沉沙。

一旦把历史看成动态的、生机勃勃的景象，它的经济方面和工业方面就会受到重视。这些不过是人类不断与难题交战的一些术语；怎样生存，怎样驾驭和利用自然，使之为丰富人类生活做贡献。人类文明的巨大进步已经交出多项智慧的展示，把人类从朝不保夕、屈从大自然摆布的苦海中解脱出来，向世人揭示人类如何整合多方力量与自己的目的合作。如今，儿童活在其中的这个人间尘世已是丰衣足食、民殷财阜，要想看到它付出了多少艰辛的代价，在文明社会的背后有多少筚路蓝缕和坚忍的意志，已非易事。人类有一项惊人的技术放在手边，可以引导儿童去将这些现成的资源转换成流动的资金；引导他在没有继承资本、没有工具、没有工业制造材料的条件下怎样面对面与自然打交道。于是，一步一个脚印，他将步其后尘，重温先辈认识生存需要的过程，想出使他能够应对需要的武器和工具；他将认识到这些新资源怎样开辟发展新的视野，又如何产生新的问题。人类工业史不是唯物论者或单纯实利主义者的事情。它是一个智慧的问题。它的记录就是记载人类如何学会思考，如何学会考虑后果，怎样改变生活条件，要让生活除旧更新。它也是一部伦理的记录，一本人类为了实现他们的目的坚忍不拔地创造环境的纪实报道。

实际上，人类如何生存的问题体现了儿童的浓厚兴趣，这才是他们亲近历史材料的原因。正是这一观点使过去工作的人和每天与儿童共事的人心心相印，赋予儿童具有同情洞察力的才能。

凡是对人们的生活方式、对他们必须使用的工具、对他们搞的新发明、对从中获得力量和闲暇而产生的生活彻底改观感兴趣的儿童，都渴望以自己的实际行动来重演同样的过程，重新制作器皿，重现过程，重新处理材料。因为只有通过弄明白他们从大自然碰到的障碍与获得的资源，他们才能够懂得他们存在的问题和成功，所以儿童对田野和森林、海洋与山岳、植物与动物感兴趣。由于他建立了一个自然环境的概念，其中生活着他正在研究的人群，他就掌握了他们的生活。他不能够做出这种再现，除非他熟悉了围绕他的自然力量和形态。对历史的兴趣给予他自己的自然研究一抹更亮的人性色彩，一层更广阔的意义。他的自然知识给他的历史研究增添了点数和精确性，这就是历史和自然之间的"相互关系"。

由于对社会生活的深入了解，这相同的目的就决定了历史教学中的传记成分的地位。毫无疑问，当历史材料以个人的形式呈现，以某位英雄人物的生平和伟业总结的形式讲述的时候，才能最充分最生动地受到儿童的喜爱。到目前为止，运用传记形式讲授历史的可能性依然存在，以致嬗变成纯粹传奇轶事的汇编，读之别有风趣，引人入胜，深得煽情主义的要领，但是这样就导致儿童无法进一步了解社会生活。当故事中的英雄人物脱离他的社会环境的时候；当不能使儿童感觉到唤起英雄义举的社会环境以及英雄的行为对社会所做的贡献时，就会发生这种现象。如果传记以激动人心的社会需要和成就的总结形式呈现，如果儿童的想象力描绘出社会的缺陷和问题，这些现象在个人遇到紧急情况时能够大声疾呼求人挺身相助、设法化险为夷，那么传记就是社会研究的一个元件。

历史社会目标的思想意识可以防止历史陷于神话、童话故事和文学表达的泥淖。我无法避免这种感觉，赫尔巴特学派为丰富初等学校的课程表不遗余力地加大历史教学的比重，它经常颠覆存在于历史和文学之间的正确关系。从某种意义上来说，美国殖民史和笛福的《鲁滨逊漂流记》具有相同的主旋律。两者都代表已经进入文明世界的人，思想趋于成熟、达到一定的境界，行为理念与方式业已形成，但是突然之间一切归零，不得不依靠自身的能力去单打独斗，应对一个未开化的、常常充满敌意的自然，全凭智慧、能力和坚韧的性格重新夺回胜利。但是，当《鲁滨逊漂流记》作为三四年级学童的课程教材时，我们是不是本末倒置了？为什么不给儿童展现范围更加广阔、力量更加强大、生活更加逼真精彩、价值观历久不衰的现实世界，而在同类问题和活动的一种特殊情况下推出《鲁滨逊漂流记》这样富有想象力的被理想化之物呢？此外，无论怎样研究一般野蛮人的生活，特别是北美印第安人，都具有学术价值，为什么要拐弯抹角地通过海沃色①这个媒介去接触土著居民，而不用第一手材料呢？诚然，可以运用诗歌给一系列儿童以前了解到的情况和斗争提供理想化的最后的润色。不是印第安人的生活在社会生活中提出一些永久性的问题和因素，就是它在教育计划里几乎没有一席之地。如果它具有这样一种价值，应该让它自己大放光彩，而不是在非常优雅和美妙的纯文学描述中消弭于无形。

我认为，相同的目的，以及在他们天然相互依存的关系中去理解人物和社会关系，有助于我们在历史教学中决定年代顺序的重要地位。最近，人们对上面提到的给予了相当大的重视，即通过文明实际产生的连绵不断的脚步追踪人类文明的发展——滥觞于幼发拉底河谷与尼罗河河谷，随后又通过希腊、罗马，等等，流传至今。这个受到强调的论点是现在取决于过去，过去

---

① 美国诗人浪费罗（Henry Wadsworth Longfellow，1807—1882）的叙事诗《海沃色之歌》（The Song of Hiawatha）中的主人公。——译者

每一阶段又取决于更早的过去。

我们在这里被带入到逻辑解释与历史解释的冲突之中。如果目的是欣赏什么是社会生活，它又是如何运作的，那么，有一点毋庸置疑，儿童一定会容易与心灵上近距离的东西打交道，对遥远的事物处之漠然。学习巴比伦生活和埃及生活的困难，大部分原因不是它时间的久远，而是离现代人的情趣和社会生活的目标相去甚远矣。它不够简化，也不够概括，或者，至少它没有以正确的方法这样做。它这样做省略了现在有意义的东西，而不是在更低级的标准上呈现这些因素。它突出的特点即使是专家也很难掌握和弄明白。毫无疑问，它提出来有益于未来生活和修正时间长河中活动进程的要素。但是，儿童尚未达到能够领会抽象原因和专门贡献的程度。他所需要的是一幅关于典型关系、环境和活动的图解。在这方面，有许多史前生活更接近他，还轮不上复杂和矫揉造作的巴比伦和埃及生活。当一个儿童能够认识制度的时候，他就能够看懂历史上每一个民族赞同何种特殊的制度理念，什么因素对现代复杂的制度有所奉献。但是，只有当儿童开始能够在其他领域也可以将原因抽象化的时候，这个时期才来临；换句话说，当他快要接近中等教育的时期。

在这个普通的计划中，有三个时期或三个阶段是公认的：首先是概括化或简单化的历史——从局部和编年史的意义上来说，这样的历史几乎难以称其为历史，但其目的在给予儿童看问题的洞察力、同理心、了解各种社会活动。这一时期包括六岁儿童的作业，学习当今城乡人民的典型的职业；七岁儿童想出发明的演进以及其对社会生活的作用；八岁儿童涉及移民、探险和发现的伟大迁徙运动，其视野把整个环球世界带入人类的知识范围。显然，头两年的功课与任何一个特定的民族和任何一个特别的人毫不相关——这就是说，不涉及严格意义上的历史事实。于是在这个时候，就给通过戏剧化作品介绍个人因素的形式提供大量的机会。伟大的探险家和发现者的故事可以作为一种局部和特别事件的过渡，依靠生活在某一特定地方和时间的某些特殊人物得以完成。

这就将我们引入第二个时期，当地环境和特殊人民团体的确定活动居于主导地位——与儿童在处理有限的和确定的事实方面的能力增长保持一致。因为芝加哥乃至美国都是理所当然的儿童能够最有效处理的地区，以后三年的教材都直接或间接来自这一史料。在这里，第三年又是一个转折年，要把美国生活与欧洲生活连接起来。到这个时候，儿童不仅要应对一般的社会生活，甚至他最熟悉的社会生活，而且还要准备对付某些个截然不同的，可以这么说，离奇古怪的社会生活方式；涉及每一个社会生活的特殊意义和它对整个世界历史的特殊贡献。因此，紧挨着年代顺序往下走的这个时期，是从关于地中海的古代世界开始，又下传进入欧洲历史，再延伸到美国历史中独具特色和与众不同的诸多因素。

这个计划不是作为唯一解决问题的方案提出来的，它只是抛砖引玉；不能说是思想的结果，而是年复一年进行大量实验和替换实验对象的结果，涉及的问题有：能否提供俘获童心富有情趣的教材，与此同时，引领他一步一步努力前进，使之对社会生活的原理和事实两方面都有更加透彻和准确的了解，为将来专修历史研究做好准备。